OXYGÈNE

Pièce en 1 Acte
de Carl Djerassi et
et Roald Hoffmann

Traduction de l'anglais et
adaptation française de
Aimée et Jean-Michel Kornprobst

Préface de
Bernadette Bensaude-Vincent
et Brigitte Van Tiggelen

*Ouvrage publié avec le soutien
du Conseil Régional Midi-Pyrénées*

D1382413

PRESSES UNIVERSITAIRES DU MIRAIL

Illustration de couverture : © Christine Cabirol
Maquette de couverture : Dominique Rouaix pour le compte des PUM
Maquette intérieure : Petits Papiers

ISSN : 1264-0441
ISBN : 2-85816-693-5
© PUM, 2003
5, allées Antonio Machado, 31058 Toulouse cedex 9

Édition originale en langue anglaise
© Wiley-VCH Verlarg Gmbh, 2001
ISBN : 3-527-30413-4

adresse du site web de Carl Djerassi : http://www.djerassi.com

OXYGÈNE

UNE BOUFFÉE D'OXYGÈNE
POUR RÉFLÉCHIR SUR LA DÉCOUVERTE SCIENTIFIQUE...

Chaque année, la désignation et la proclamation des Prix Nobel de Physique, de Chimie et de Médecine tournent l'attention des médias et de l'opinion publique vers les découvertes scientifiques. Comme pour légitimer la foule plus ou moins anonyme des dizaines de milliers de «chercheurs», les comités des trois Nobel scientifiques font émerger chaque année quelques noms de «découvreurs» qui sont aussitôt exposés à l'admiration publique. Cette récompense scientifique suprême instaurée par les exécuteurs testamentaires d'Alfred Nobel en 1901 couronne – de son vivant – les travaux d'un, d'une ou de plusieurs scientifique(s), trois au maximum, pour chaque prix[1]. La récompense pour les lauréats ne consiste pas seulement en une somme d'argent rondelette, mais offre aussi une clef en or qui ouvre miraculeusement la voie aux crédits publics et privés, et l'accès aux médias, aux prises de parole publique. Certes, l'annonce publique des noms des lauréats des Prix Nobel peut déchaîner les passions[2]. Mouvements d'humeur ou sursauts de fierté nationaliste viennent périodiquement troubler l'image convenue de la froide et impartiale objectivité de la science. Mais les vaguelettes de protestation n'altèrent pas le prestige de ces rites annuels. Tout comme l'onction prêtait aux rois des pouvoirs quasi surnaturels, le Prix est supposé conférer à l'élu une sagesse universelle et le droit de parler de tout sujet. La puissance de ce rituel dans les sociétés modernes présuppose une définition tacite de «la découverte scientifique». Mais en quoi consiste-t-elle au juste? Plutôt que d'analyser en un long traité pédant les difficultés que pose une telle définition, pourquoi ne pas recourir aux vertus du théâtre: tel est le propos de deux chi-

---

1. Elisabeth Crawford, *La fondation des Prix Nobel scientifiques*, 1901-1915, Paris, Belin, 1988.
2. On a pu le constater en France l'année passée encore avec la déception de ne pas voir reconnus les mérites d'Henri Kagan.

mistes, Carl Djerassi et Roald Hoffmann, tous deux auteurs de
multiples découvertes qui leur ont valu des canapés de médailles
et récompenses – y compris le Nobel pour l'un d'eux.

TISSU DE FAITS ET FICTIONS

Carl Djerassi et Roald Hoffmann ont choisi de se placer délibérément dans une double fiction dont les actions sont conscien-
cieusement imbriquées l'une dans l'autre et font rebondir la
réflexion sur deux thèmes intrinsèquement liés : la découverte et
la priorité.

La première fiction se déploie dans le monde contemporain.
2001. À l'occasion du centenaire de la création des Prix Nobel, la
Fondation Nobel décide d'octroyer un « rétro-Nobel » pour cou-
ronner une découverte particulièrement remarquable réalisée
dans le passé. Ce genre de rétrospective était courant au tournant du xxᵉ siècle, à l'époque où furent institués les Prix Nobel.
Par exemple, lors de l'exposition universelle de Paris en 1900,
chaque communauté scientifique avait monté son petit « Musée
centennal » où elle célébrait les grandes découvertes du siècle,
avec une galerie de portraits. Ainsi, malgré son côté évidemment
fantaisiste, la fiction de Carl Djerassi et Roald Hoffmann est
dans la droite ligne de cette tradition d'héroïsme scientifique qui
fut le berceau de la vulgarisation scientifique comme de l'institution Nobel, et qui est entretenue par elles.

Le comité restreint du rétro-Nobel de chimie parcourt donc à
grands pas l'histoire de la chimie : Gibbs, Mendeleïev, Dalton... Il
veut récompenser une découverte qui fait coupure et marque
l'envol victorieux de la science moderne. Astrid Rosenqvist, présidente de ce comité dans la pièce, pose comme principe : « Pas
de rétro-Nobel pour les alchimistes », excluant d'entrée de jeu
tous ceux qui ont participé à la lente émergence d'une discipline
à la croisée de l'art, de l'occultisme, des techniques et de la
science. Un accord se dessine très vite autour l'épisode de la
révolution chimique accomplie à la fin du xviiiᵉ siècle, parce qu'il
est généralement considéré comme l'acte de naissance de la chimie moderne et scientifique. De cette époque, en effet, datent la
décomposition de l'air et de l'eau, l'idée des trois états de la
matière et la nomenclature chimique moderne. L'épisode est
prioritaire parce que fondateur.

Reste à identifier dans ce changement – désigné comme « révolution » par l'un des protagonistes, Lavoisier – la découverte qui en
fut le catalyseur. Le choix n'est pas difficile à vrai dire, étant

donné que ladite révolution suscita une controverse cristallisée sur l'alternative entre phlogistique (ou principe igné, c'est-à-dire du feu) et oxygène. Ou bien on interprète la combustion, la calcination lente des métaux (qui les couvre de rouille), comme une libération du phlogistique contenu dans les corps combustibles et les métaux, ou bien on les interprète comme une combinaison avec une partie de l'air atmosphérique, connue comme «air vital». Cet élément fut rebaptisé «oxygène», c'est-à-dire générateur d'acide dans la nomenclature forgée en 1787, car Lavoisier pensait que tous les acides en contenaient. Dans le camp de la chimie de l'oxygène, on trouve au départ de la bataille, vers 1785 ou 87, une petite poignée de chimistes français[3]. Le camp des phlogisticiens rassemble la majorité des chimistes qui, par toute l'Europe, d'Edimbourg à Cadix et de Berlin à Coïmbra, se passionnent pour l'étude des gaz. La quête des «airs» que l'on nomme parfois «chimie pneumatique», bien qu'elle croise aussi la médecine, la physiologie et la météorologie, fait fureur dans les années 1770. L'enjeu est d'abord de recueillir les gaz dégagés par des réactions chimiques, d'en mesurer le volume et le poids, à l'aide d'instruments conçus et améliorés tout exprès ; ensuite il faut les isoler et les caractériser par un certain nombre de tests chimiques ou physiologiques (trouble l'eau de chaux, entretient la respiration d'une souris...) ; enfin, dans la plupart des cas, on décrit leur impact sur la vie animale et végétale. L'oxygène n'est ni le premier ni le dernier des gaz isolés et caractérisés par les chimistes pneumatiques mais, dans la théorie lavoisienne, il est primordial car il assume – à l'envers – la plupart des rôles qu'on prêtait alors au phlogistique dans l'interprétation des phénomènes chimiques. Il est comme l'image inversée du phlogistique. L'accord sur la découverte de l'oxygène comme événement digne d'un rétro-Nobel est donc pleinement justifié au regard de l'historien comme des chimistes actuels.

Mais qui a découvert l'oxygène ? Trois noms surgissent, Scheele, Lavoisier et Priestley, munis chacun des titres historiques requis pour prétendre à la récompense posthume. Ces trois chimistes vécurent à la même époque et travaillèrent de manière plus ou moins indépendante : Carl Wilhelm Scheele (1742-1786) était apothicaire en Suède. Il n'était membre d'aucune académie et ne disposait pas de moyens très importants, mais la Suède était un

---

3. Lavoisier, Guyton de Morveau (inspirateur de la réforme de la nomenclature), Berthollet et Fourcroy, Chaptal, quelques jeunes disciples et quelques non-chimistes, grands ténors de l'Académie royale des sciences comme Laplace et Monge.

centre très actif de recherches à la fois minéralogiques et chimiques magistralement représenté par Torbern Bergman. Scheele a isolé et caractérisé une bonne douzaine de gaz nouveaux – dont le chlore – interprétant toutes ses découvertes dans le cadre de la théorie régnante du phlogistique. Lavoisier (1743-1794) n'a jamais rencontré Scheele puisqu'il n'a pas, semble-t-il, voyagé hors de France. Il n'était pas non plus chimiste à plein temps, sa fonction principale, source d'une belle fortune, étant celle de Fermier général. Lavoisier se trouvait cependant au cœur de la vie scientifique de l'époque, du fait de son appartenance à l'Académie royale des sciences de Paris. Cette institution prestigieuse lui conférait en plus de contacts avec les savants du monde entier, des instruments scientifiques, un public régulier, enfin une certaine autorité. Quant à Joseph Priestley, (1733-1804), il vivait en Angleterre où il était pasteur. Dans les années 1770, tandis qu'il gagne sa vie comme secrétaire de Lord Shelburne, il pratique des expériences multiples sur les gaz et en isole tant qu'il est reconnu dans toute l'Europe savante comme le champion de la chimie pneumatique. Priestley se donnait lui-même le titre de « aerial philosopher ». Jusqu'à la fin de sa vie, il défend la théorie du phlogistique et conteste la chimie lavoisienne de l'oxygène. Ces trois chimistes se connaissaient par leurs travaux mutuels, ils ont communiqué par lettres – Priestley et Lavoisier se sont rencontrés à Paris, mais ils n'ont jamais organisé une réunion pour convenir ensemble de celui qui, le premier, avait découvert l'oxygène.

Cette rencontre imaginaire, située en 1777, forme la trame de la deuxième fiction inventée par Djerassi et Hoffmann. La date choisie est elle même fictive : en 1777, le terme d'oxygène n'est pas encore établi, et l'eau n'est pas encore un corps composé, mais cette invraisemblance est voulue parce qu'elle saisit un moment précis où Scheele, contrairement à ses deux rivaux, n'a pas encore publié. À l'invitation du roi de Suède Gustave III, Scheele, Priestley et Lavoisier se retrouvent à la cour de Stockholm : celui qui, à l'assentiment des deux autres, sera reconnu comme le premier découvreur de l'oxygène remportera une médaille à l'effigie du souverain. Pour établir cette priorité, point de tribunal, ni d'observateurs extérieurs. Gustave III fait confiance à l'esprit éclairé des trois savants qui, sous les yeux de la cour, réaliseront chacun l'expérience d'un des deux autres, afin de documenter et d'établir cette priorité. Mais, au risque de décevoir les chercheurs contemporains qui se consolent des rigueurs de la compétition actuelle en invoquant l'âge d'or d'une science sans frontière ni rivalités, les trois prétendants au titre ne parviennent pas à se mettre d'accord, pas plus que les

membres du comité du rétro-Nobel chargés chacun de défendre
le dossier de l'un de ces glorieux prédécesseurs.

Le rideau tombe et la question demeure. La tentation est grande
de faire appel à l'arbitrage des historiens des sciences. Ceux-ci
figurent, en fait, déjà dans la pièce à travers le personnage d'Ulla
Zorn. D'abord présentée comme simple «rédactrice» ou secrétaire de séance chargée de rédiger les comptes-rendus des
réunions du comité rétro-Nobel, elle s'avère être une doctorante
rédigeant une thèse sur les femmes de savants au XVIIIe siècle.
Elle devient un personnage clef qui fait avancer l'action, en met-
tant au jour une pièce capitale du dossier Lavoisier. Entre les
lignes aussi, et dans l'étoffe de la pièce, l'apport d'historiens des
sciences est indéniable et palpable. Tout est fondé sur des documents historiques, mis à part la découverte d'une lettre inédite
de Mme Lavoisier à son époux incarcéré dans les geôles de la
Révolution française et bien sûr la scène elle-même de la rencontre des trois chimistes contemporains. Tout le piquant et l'intérêt de cette pièce réside précisément dans l'art de tisser une
fiction en tirant les fils de l'histoire.

TÉMOIGNAGES HISTORIQUES

Qui, le premier, a découvert l'oxygène? La question a longtemps
divisé les chimistes historiens de leur discipline et le débat s'est
fortement teinté de revendications nationalistes au cours du
XIXe siècle. En particulier aux lendemains de la guerre franco-
prussienne de 1870, une controverse se déchaîne entre chimistes allemands et français à la suite de la déclaration
provocatrice du chimiste alsacien Charles Adolphe Wurtz en tête
de son *Dictionnaire de chimie*: «La chimie est une science française: elle fut constituée par Lavoisier d'immortelle mémoire[4].»
Mais voyons d'abord ce qu'en disent les écrits des acteurs.
Aucun ne semble avoir revendiqué la priorité de la découverte.
Certes Lavoisier a osé clamer: «Cette théorie est mienne, et non
celle des chimistes français[5]» mais c'était face à ses disciples
français qu'il cherchait à se démarquer et il n'a jamais revendiqué que la propriété de la théorie, non celle de la découverte.
Les contemporains de la révolution chimique ont laissé des
témoignages. Or, chose remarquable, malgré le climat de controverse créé par la bataille du phlogistique, les proches disciples de
Lavoisier n'attribuent pas la découverte à Lavoisier. Fourcroy,

---

4. Wurtz, *Dictionnaire de chimie pure et appliquée*, Paris, 1869, t. 1, p. 1.
5. Lavoisier, *Œuvres*, t. II, Imprimerie impériale, Paris, 1862, p. 104.

rédacteur de l'article chimie de l'*Encyclopédie méthodique*, signale d'abord la contribution méconnue d'un chimiste français Pierre Bayen, lequel s'est approché de la découverte mais « sans la toucher ». Ensuite il ajoute « Cette découverte & la différence de cet air [l'oxygène] d'avec celui de l'atmosphère, étoit réservée à Priestley ». Bien qu'il consacre près de 17 pages à Scheele, Fourcroy ne lui accorde aucune place dans la course à l'oxygène. Et pourtant il clame son admiration pour ce chimiste « sans fortune et sans moyens » qui n'avait peut-être pas reçu une « éducation soignée », mais à qui la nature « avait donné le génie[6] ». Berthollet n'hésite pas plus que Fourcroy sur l'attribution de la découverte à Priestley quand il aborde la leçon sur l'air atmosphérique dans son cours à l'École normale de l'an III, délivré juste un an après la mort de Lavoisier. Comme Fourcroy, il reconnaît cependant à Scheele le mérite d'avoir établi, en 1779, un procédé sûr pour déterminer la proportion d'oxygène dans l'air.

Une génération après, le chimiste Jean-Baptiste Dumas évoque l'œuvre de Lavoisier dans une leçon de philosophie chimique au Collège de France en 1836. Le ton est à la vénération, quasi-religieuse. Dumas présente Lavoisier « au moment où prononçant son *fiat lux*, il écarte d'une main hardie les voiles que l'ancienne chimie s'est vainement efforcée de soulever, au moment où, docile à sa voix puissante, l'aurore commence à percer les ténèbres qui doivent s'évanouir aux feux de son génie[7] ». Oui, conclut Dumas, « je doterai les chimistes de leur évangile », en faisant la promesse de publier les œuvres de Lavoisier aux frais de l'État. Dumas a une manière élégante de résoudre les questions de priorité. Lavoisier eut une intuition dès le début de sa carrière et n'obéit qu'à un maître, la balance. « On lui a prêté des faits, mais son point de vue primitif, demeuré pur, ne s'est altéré d'aucun emprunt. » Ainsi jusque dans les portraits les plus héroïques de Lavoisier en démiurge créateur, on ne revendique pas pour lui la découverte de l'oxygène. Cuvier, Pasteur, Wurtz, tous les savants du XIXe siècle qui ont forgé et propagé le culte du fondateur de la chimie ont eu soin de bien distinguer les faits – volontiers attribués à Priestley – de la théorie incarnée par Lavoisier. Et bien qu'ils écrivent au temps de l'élaboration du

6. Fourcroy, article chimie, *Dictionnaire de chimie, de métallurgie, de pharmacie de l'Encyclopédie méthodique*, t. III, Joseph Panckoucke, Paris, 1792, p. 457 et 525.

7. Jean-Baptiste Dumas, *Leçons de philosophie chimique*, 1837, édition Culture et civilisation, Bruxelles, 1832, p. 112, 113 et 157.

positivisme, ils minimisent la portée des faits pour mieux exalter la puissance de la théorie[8].

Dans le contexte des rivalités nationalistes entre la France et l'Allemagne, suite à la guerre de 1870, la question se déplace et se polarise sur le point suivant : qui a droit au titre de fondateur de la chimie, Lavoisier ou George-Ernst Stahl, l'auteur de la théorie du phlogistique ? L'attribution de la découverte de l'oxygène redevient un enjeu. On ne remet pas en question la priorité de Priestley : la date du 1er août 1774 étant généralement reconnue comme date de la découverte par Priestley. Mais dans sa riposte à « la chimie est une science française » de Wurtz, Jakob Volhard présente Scheele comme l'antihéros, le génie méconnu, oublié[9]. Le Lavoisier de Volhard est riche, ambitieux puissant. Il raisonne en physicien, pèse, mesure mais il n'est qu'un chimiste amateur dilettante. Il n'a rien découvert, il s'est approprié les découvertes des autres. Scheele, né la même année que Lavoisier, est mort plus jeune encore. Autodidacte, modeste, effacé, il est un chimiste habile, éprouvé, qui accumule les découvertes. Scheele est ainsi « redécouvert » pour rabaisser les prétentions et l'arrogance des chimistes français.

PAS DE DÉCOUVERTE SANS PARTAGE

Quels que soient les préjugés qui les animent, ces querelles font apparaître des problèmes de fond sur la nature d'une découverte, que la pièce met plaisamment en scène. Premier problème, de définition. Découvrir un corps, est-ce le mettre à jour, le faire exister dans un flacon, ou bien dire ce qu'il est, quelle est sa nature ? Le faire ou le comprendre ? Scheele affiche clairement sa position dans les discussions avec ses deux rivaux : « Il est essentiel de savoir qui a préparé ce gaz le premier, car c'est sa découverte que retiendra la postérité, pas l'interprétation éphémère ». Pour lui comptent les faits plus que la théorie. Mais Scheele peut bien accumuler les découvertes dans son appentis d'apothicaire, sans le travail d'interprétation de Lavoisier, point de révolution chimique. Thomas Kuhn a précisément choisi l'exemple de l'oxygène pour illustrer le contraste entre les deux régimes d'avancée scientifique, celui de la science normale,

---

8. Sur la genèse du mythe Lavoisier, fondateur de la chimie, voir B. Bensaude-Vincent, *Lavoisier. Mémoires d'une révolution*, Paris, Flammarion, 1993, p.

9. Volhard, J. « La chimie constituée par Lavoisier », *Le moniteur scientifique*, 14 (1872) 50-71.

cumulative, et celui des crises qui provoquent les changements de paradigme. Pour lui, Priestley a «découvert» l'oxygène que Lavoisier «invente» par la suite[10]. La découverte est factuelle, l'invention est d'ordre théorique. La pièce «Oxygène» ne mentionne pas cette distinction entre découverte et invention, qui au fond ne fait que répéter la dichotomie entre faits et théorie. Les auteurs de la pièce suggèrent une autre solution élégante à ce dilemme. Elle se lit dans l'usage très précis du vocabulaire employé : «air combustible» pour la découverte de Scheele, «air déphlogistiqué» pour la découverte de Priestley, «oxygène» pour la découverte de Lavoisier. Au sens strict, l'objet de la découverte n'est pas le même. On ne peut pas vraiment séparer les faits de leur interprétation théorique.

Ici pointe un deuxième problème, plus philosophique, plus ardu, que la pièce évoque discrètement : Après tout, «l'oxygène était bon pour les gens avant qu'il soit découvert» remarque, en passant, un membre du Comité Nobel pensant ainsi minimiser les bienfaits qu'apporte la découverte. Qui peut douter de l'existence du gaz que les animaux respiraient avant Scheele, Priestley et Lavoisier ? Ce robuste réalisme qui justifie le geste de découvrir ou dévoiler quelque chose ne remet pas en question le partage des mérites suggéré par l'usage de trois termes pour dire le même gaz. Car l'air que respiraient les animaux pouvait être bon pour leur santé sans l'«invention» de l'oxygène.

Plus centrale dans les dialogues entre les trois protagonistes est l'hésitation sur le moment de la découverte. Peut-on parler de découverte avant qu'elle soit constatée et reconnue comme telle par la communauté scientifique ? La question sous-tend non seulement les querelles de priorité mais aussi la quête des précurseurs lointains et méconnus. Priestley revendique la découverte de l'oxygène face à Scheele en ces termes : «J'ai publié le premier ce qui fait de moi le premier aux yeux du monde». En quelque sorte «les yeux du monde», du moins du monde savant, ont le pouvoir de faire exister la découverte. Les sociologues des sciences n'en disent guère plus que cette petite phrase en soulignant le fondement social de toute découverte scientifique[11]. La publicité n'est pas un épiphénomène mais un caractère essentiel à la découverte scientifique, parce que seule elle permet le contrôle par les pairs. Sur ce point Scheele, Priestley et Lavoisier semblent d'accord. Mais ils divergent quant au choix du moyen

10. Thomas Kuhn, *La structure des révolutions scientifiques*, trad. fr, Paris, Flammarion, 1972, p. 88.

11. Brannigan A., *Le fondement social des découvertes scientifiques*, Paris, PUF, 1996. (ed. angl. 1981).

de communication et, par là, du public autorisé à juger de leur priorité. Scheele a choisi la communication informelle, entre «gentlemen» – il parle à Bergman, son collègue, il envoie une lettre à Lavoisier. Priestley a choisi l'imprimé, à la portée de tout honnête homme, publiant sous forme de volumes ses *Expériences et observations sur différentes sortes d'air*[12]. De son côté, après avoir publié un volume d'*Opuscules physiques et chimiques* du style des volumes de Priestley en 1774, Lavoisier préférait communiquer ses résultats très vite sous forme de mémoires lors des séances hebdomadaires de l'Académie royale des sciences de Paris, de préférence aux deux séances publiques annuelles. Ces trois pratiques de publication donnent un sens différent à l'exigence de publicité qui conditionne toute découverte scientifique. Lavoisier, semble-t-il, se souciait de la reconnaissance académique et de la paternité de ses découvertes. Priestley voulait diffuser, répandre ses résultats, à la fois pour être reconnu «aux yeux du monde» et pour partager son savoir, en faire un bien commun[13]. Quant à Scheele, il était peut-être le moins amateur des trois au sens où il avait une grande expérience de chimiste, mais il cultivait la chimie comme un amateur, au sens noble de ce terme au XVIIIᵉ siècle. Poursuivant ses recherches par intérêt personnel, ou curiosité, il voulait avant tout qu'un ou deux collègues compétents donnent leur avis, confirment et stabilisent ses résultats. La publicité est un moyen pour permettre la réplicabilité des expériences, sans laquelle il ne saurait exister de découverte scientifique. La découverte de Scheele n'existait pas tant que personne ne l'avait pas reproduite. De même quand Lavoisier a refait les expériences de Priestley avec la chaux de mercure, il a validé la découverte de Priestley, tout en invalidant son interprétation. Ces trois manières d'assurer une découverte par la publicité peuvent être considérées comme trois styles personnels ou bien trois cultures nationales de la science.

DES FEMMES ET DES MASQUES

La pièce s'enrichit d'autres thèmes enchevêtrés qui méritent aussi que l'on s'y attarde. Ainsi, comme souvent quand la

12. Priestley, Joseph, *Experiments and Observations on Different Kinds of Air*, 3 vols, London, J. Johnson, 1774-77 ; trad. fr. par M. Gibelin, 5 vol. Paris, chez Nyon, 1777-80.
13. La différence des cultures entre Priestley et Lavoisier est soulignée par Jan Golinski, *Science as Public Culture. Chemistry in Enlightenment Britain, 1760-1820*, Cambridge University Press, Cambridge, 1992.

science est mise au théâtre, les femmes tiennent le devant de la scène, comme femmes de savants plutôt que comme femmes de sciences[14]. Les compagnes des trois chimistes du XVIIIe siècle collaborent plus ou moins activement avec leurs époux. Par leur présence, leurs encouragements, elles sont leur premier auditoire, parfois davantage même, pour Marie-Anne Paulze. La jeune épouse de Lavoisier tient à la fois les carnets de laboratoire et un salon mondain où elle accueille des scientifiques. Pour compléter les talents de son époux, elle apprend le dessin mais surtout les langues étrangères qu'il maîtrise mal, devenant ainsi l'interprète obligée de ses travaux ou de ceux des chimistes étrangers. La chose est moins exceptionnelle qu'il n'y paraît : songeons à Claudine Picardet, compagne de Guyton de Morveau qui traduisit du suédois quelques œuvres de Scheele et Bergman, et dont la conversation scientifique était autant goûtée que celle de Marie-Anne Lavoisier. Le personnage de Mme Lavoisier est central, et pour l'un des deux auteurs au moins, constitue le pivot de l'intrigue. C'est d'ailleurs le seul personnage qui, dans la distribution des rôles, n'est pas doublé par un autre personnage contemporain dans la pièce.

Mais cette pièce ne tombe pas dans le piège d'une héroïsation des femmes savantes que l'histoire traditionnelle maintenait dans l'ombre de leurs savants époux. Le personnage principal qui fait évoluer l'action est une historienne des sciences. Simple greffière au début de la pièce, Ulla Zorn devient peu à peu meneuse du jeu. Son rôle constitue un parallèle assez éloquent de la procédure de preuve expérimentale mise en place par le roi Gustave III. Dans les deux cas, il s'agit de fournir des faits, irrécusables, qui permettent au jury de prendre une décision.

Un autre thème non moins intéressant est celui des masques. «Nous portons tous des masques», dit Ulf Swanholm, qui soupçonne un autre membre du comité rétro-Nobel, Sune Kallstenius, d'avoir retenu inutilement un article de lui qu'il avait à «référer» de telle sorte qu'un rival américain a obtenu la primeur d'une découverte qu'Ulf pouvait légitimement revendiquer. Ils finiront par «enterrer la hache de guerre» en mimant, masqués, un véritable combat. Mais avant d'assister à cette scène un peu enfantine ou plutôt surréaliste, les spectateurs auront goûté à une mise en abyme digne des grands classiques, Shakespeare ou Molière. Au milieu de la pièce s'ouvre, en effet, un théâtre dans le théâtre, quand les époux Lavoisier jouent la

14. Par exemple dans *Copenhague* (pièce de théâtre de Michael Frayn), Madame Bohr tient un rôle essentiel de médiateur entre les deux savants mâles et le public.

victoire de l'oxygène sur le phlogistique. Cette mascarade donnée pour divertir le roi n'est pas une pure invention de circonstance. Bien qu'on n'en ait jamais retrouvé le texte, des témoignages contemporains rapportent que les Lavoisier auraient, à une occasion au moins, joué une sorte de fable de la fin du phlogistique. La représentation, où Mme Lavoisier porte le masque de l'oxygène et son époux celui du phlogistique qu'il a défait, n'est pas du goût de Scheele et Priestley. Ils quittent ostensiblement la pièce avant la fin, avec leurs compagnes. Le port du masque, ou l'art de la dissimulation, est sans cesse mis en opposition avec la nudité puisque les trois femmes se retrouvent dans le sauna où, comme le dit Scheele : «On ne cache pas grand-chose...». Effectivement, elles abordent de front la question de la priorité de leurs époux respectifs ; tout en se dénudant pour profiter de la chaleur du sauna, elles gardent sur elles le masque qui leur colle le plus à la peau : celui de compagnes de savants avides de reconnaissance, en quête de priorité.

De tous ces dialogues sur l'attribution d'une découverte qui posent ouvertement la question des publications, de la reconnaissance des pairs, des femmes, émerge un thème original, trop souvent inaperçu dans les études sur les découvertes scientifiques : les relations de confiance. Entre confiance et défiance se joue le sort d'un découvreur. Scheele comprend un peu tard qu'il s'est privé de son droit à la découverte parce qu'il a placé trop de confiance dans Bergman et Lavoisier. Et il déclare qu'il n'a pas confiance dans Madame Lavoisier. C'est parce qu'il faut toujours se défier des résultats d'une expérience que le comité demande aux trois rivaux de répéter mutuellement leurs expériences. Tout tourne autour de la confiance. Jusqu'à quel point faut-il croire ce que dit ou écrit un collègue ? À qui faire le plus confiance ? Humain trop humain ! La gestion des relations de confiance est la condition *sine qua non* de la découverte scientifique. Pourtant c'est un art que l'on n'enseigne pas dans les formations scientifiques universitaires. Il s'apprend plutôt par de telles mises en scène de théâtre, car la fiction est parfois meilleure pédagogue que la réalité.

BERNADETTE BENSAUDE-VINCENT
BRIGITTE VAN TIGGELEN

OXYGÈNE

par Carl Djerassi et Roald Hoffmann

Qu'est qu'une découverte? Pourquoi est-ce si important d'être le premier? Telles sont les questions qui préoccupent les protagonistes de cette pièce. «Oxygène» se déroule alternativement en 1777 et en 2001 – l'année du centenaire du Prix Nobel – lorsque la Fondation Nobel décide de créer un «Rétro-Nobel» destiné à récompenser les grandes découvertes effectuées une centaine d'années avant la création des Prix Nobel. La Fondation pense que ce sera chose aisée, que le Comité Nobel peut remonter dans le temps jusqu'à une période où la Science était faite «pour l'amour de la Science», et où une découverte était simple, pure et dégagée de toute controverse, de réclamations d'antériorité, de battage médiatique,...

Le Comité Chimie de l'Académie Royale Suédoise des Sciences décide de se pencher sur la découverte de l'oxygène puisque cet événement a déclenché la révolution qui a conduit à la chimie moderne. Mais qui doit être récompensé? Lavoisier vient naturellement à l'esprit car, s'il y a un indice marquant le début de la chimie moderne, ce fut la compréhension par Lavoisier de la véritable nature de la combustion, de l'apparition de la rouille et de la respiration animale, ainsi que du rôle central de l'oxygène dans chacun de ces processus. Tout ceci a été formulé au cours de la période 1770-1780, mais qu'en est-il exactement de Scheele? et de Priestley? n'avaient-ils pas déjà découvert l'oxygène?

En effet, un soir d'octobre 1774, Antoine Lavoisier, l'architecte de la chimie moderne, apprit qu'un Pasteur Unitarien anglais, Joseph Priestley, avait préparé un nouveau gaz. Moins d'une semaine plus tard, Lavoisier reçut une lettre d'un pharmacien suédois, Carl Wilhelm Scheele, indiquant au scientifique français comment préparer cet élément clef de la théorie que Lavoisier était en train de développer: l'oxygène, source de vie. Le travail de Scheele avait été réalisé plusieurs années auparavant, mais resta non publié jusqu'en 1777.

Alors que Scheele et Priestley mettent leur découverte en adéquation avec une théorie complètement erronée, celle du phlogistique, Lavoisier est prêt à anéantir celle-ci. Comment Lavoisier va-t-il réagir aux découvertes de Priestley et de Scheele? Va-t-il rendre aux découvreurs ce qui leur est dû? Et qu'est-ce qu'une découverte, après tout? Et est-ce si important de ne pas comprendre tout l'intérêt de ce qu'on a trouvé? ou de ne pas faire connaître sa découverte au reste du monde?

Au cours d'une rencontre fictive, la pièce présente les trois protagonistes et leurs épouses en 1777 à Stockholm à l'invitation du Roi Gustave III (une célèbre Pièce Masquée y est présentée). Le problème à résoudre est le suivant: Qui a découvert l'oxygène? Par la voix des épouses des scientifiques, dans un sauna et ailleurs, nous entrons dans la vie de ces femmes et de leurs maris. Les interventions de Madame Lavoisier, une femme remarquable, sont primordiales dans la pièce. Pour éclairer la décision de Stockholm, une scène présente des manipulations de chimie où les trois découvreurs de l'oxygène réitèrent leurs expériences décisives. Une pièce en vers, à l'intérieur de la pièce, décrit également la victoire de l'oxygène sur le phlogistique. Cette pièce, maintenant perdue, fut réellement jouée par les Lavoisier pour leurs amis et protecteurs.

Par ailleurs, au début du XXIe siècle, le Comité Nobel enquête et examine les revendications conflictuelles des trois hommes. Leurs discussions nous apprennent à quel point la science a évolué depuis les deux derniers siècles. La Présidente du Comité Nobel est Astrid Rosenqvist, une remarquable théoricienne de la chimie, tandis qu'une jeune historienne, Ulla Zorn, tient le rôle de secrétaire pour les travaux du Comité. Mais à mesure que le temps passe, son rôle va évoluer.

Les problèmes éthiques concernant l'attribution de la découverte de l'oxygène qui est au cœur de la pièce, ont encore maintenant autant d'actualité qu'ils en avaient en 1777. Ironie des révolutions: Lavoisier, le chimiste révolutionnaire, est politiquement conservateur et va perdre la vie pendant la terreur jacobine. Priestley, politiquement progressiste et honni en Angleterre pour son soutien à la Révolution Française, est un chimiste conservateur. Quant à Scheele, il n'a d'autre préoccupation que de tenir sa pharmacie à Köping et de réaliser quelques expériences dans ses moments de loisir. Pendant longtemps, Scheele – le premier homme sur terre sachant préparer de l'oxygène en laboratoire – ne retirera que peu de considération pour cela. Cette situation sera-t-elle réparée 230 ans après sa découverte?

PERSONNAGES

Antoine Laurent LAVOISIER, 34 ans. Chimiste français, fermier général, économiste et serviteur de l'État; a découvert l'oxygène.

Anne-Marie Pierrette PAULZE LAVOISIER, 19 ans, épouse du précédent.

Joseph PRIESTLEY, 44 ans. Pasteur anglais et chimiste; a découvert l'oxygène.

Mary PRIESTLEY, 35 ans, épouse du précédent.

Carl Wilhelm SCHEELE, 35 ans. Apothicaire suédois; a découvert l'oxygène.

Sara Margaretha POHL (Fru POHL), 26 ans, elle deviendra Madame SCHEELE trois jours avant la mort de Carl Wilhelm.

Le Chambellan (voix-off, masculine)

Professeur Bengt HJALMARSSON, Membre du Comité Nobel pour la Chimie à l'Académie Royale Suédoise des Sciences. (*il est interprété par l'acteur tenant le rôle d'Antoine LAVOISIER*).

Professeur Sune KALLSTENIUS, Membre du Comité Nobel pour la Chimie à l'Académie Royale Suédoise des Sciences. (*il est interprété par l'acteur tenant le rôle de Carl Wilhelm SCHEELE*).

Professeur Astrid Rosenqvist, Présidente du Comité Nobel pour la Chimie à l'Académie Royale Suédoise des Sciences. (*elle est interprétée par l'actrice tenant le rôle de Madame Priestley*).

Professeur Ulf Svanholm, Membre du Comité Nobel pour la Chimie à l'Académie Royale Suédoise des Sciences. (*il est interprété par l'acteur tenant le rôle de Joseph Priestley*).

Ulla Zorn, étudiante diplômée en Histoire des Sciences et rédactrice au Comité Nobel pour la Chimie. (*Elle est interprétée par l'actrice tenant le rôle de Fru Pohl*).

Détails techniques pour la mise en scène

La scène peut être dépouillée (*bancs du sauna; table de conférence; paillasse de laboratoire*). Tous les documents audiovisuels, fournis par les auteurs, doivent être projetés sur un grand écran, de préférence par l'arrière. Pour permettre aux acteurs de changer rapidement de costume entre 1777 et 2001, les vêtements de 1777 devront être simples, mais rapidement identifiables (par exemple, pour les hommes, port de perruques et longues redingotes pourvues de jabots à fixation rapide, pour les femmes, chaussures à boucles, perruques, charlottes, châles, robes longues, etc.).

Compléments biographiques pour les personnages de 1777

Antoine Laurent Lavoisier, 34 ans. Chimiste français, fermier général, économiste, serviteur de l'État et démystificateur du Mesmérisme. Lavoisier était riche et sûr de lui, convaincu qu'il était en train d'instaurer les véritables bases de la chimie.

Anne-Marie Pierrette Paulze Lavoisier, 19 ans. Née et mariée dans l'aisance, Mme Lavoisier fut éduquée pour assister son mari dans ses entreprises scientifiques et publiques. Un jour de 1794, pendant la Terreur, elle perdit son mari et son père sur la guillotine. Elle récupéra avec effort le patrimoine immobilier de son mari, publia ses œuvres scientifiques et, au cours d'un second mariage malheureux, elle restera brièvement unie avec le Comte Rumford, un scientifique et aventurier américano-anglo-bavarois.

Joseph Priestley, 44 ans. Pasteur anglais politiquement engagé et chimiste. Priestley fut l'un des fondateurs de l'Église

Unitarienne et contestataire en religion comme en politique. Après avoir enseigné dans plusieurs écoles non-conformistes, il entra au service de Lord SHELBURNE et, finalement, ses prises de position politiques provoquèrent l'assaut de la foule contre sa maison. PRIESTLEY se réfugia en Amérique où il vécut le reste de sa vie à Northumberland, dans l'État de Pennsylvanie, et soutint la théorie du phlogistique jusqu'à sa mort. PRIESTLEY découvrit plusieurs gaz, en particulier l'oxygène, l'oxyde nitreux et le monoxyde de carbone; il perfectionna également une machine très utilisée pour la préparation de l'eau de Seltz.

Mary PRIESTLEY, 35 ans. Fille de John WILKINSON, quincaillier bien connu, et sœur de l'un des étudiants de Priestley, elle épousa le jeune pasteur en 1762 et participa à sa vie académique et religieuse. On dit que Mary PRIESTLEY écrivit de belles lettres, mais aucune n'a échappé à l'incendie de Birmingham au cours duquel le laboratoire et la maison des PRIESTLEY furent détruits. En 1794, avec l'aide de Benjamin FRANKLIN, le couple et leurs enfants s'installèrent en Amérique.

Carl Wilhelm SCHEELE, 35 ans. Apothicaire suédois, né dans une famille allemande à Stralsund, en Poméranie alors suédoise. Il fut très tôt formé pour devenir apothicaire et poursuivit cette carrière toute sa vie. Expérimentateur remarquablement habile, il découvrit non seulement l'oxygène mais aussi le chlore, le manganèse, l'acide fluorhydrique, l'hydrogène sulfuré, les acides oxalique et citrique et beaucoup d'autres molécules. SCHEELE a également inventé une excellente teinture verte contenant de l'arsenic, qui aurait contribué à la disparition de Napoléon. Son souhait le plus cher était de posséder sa propre pharmacie, ce qu'il finit par obtenir à la fin de sa courte vie dans sa provinciale Köping.

Sara Margaretha POHL (Fru POHL), 26 ans. Elle devint Madame SCHEELE trois jours avant la mort de Carl Wilhelm. Auparavant elle fut mariée à un pharmacien allemand, Hindrich Pascher POHL, le père du seul enfant qu'elle eut et qui mourut à 14 ans. La pharmacie de Köping fut finalement vendue à SCHEELE et Fru POHL en devint la maîtresse de maison. Après la mort de SCHEELE en 1786, sa veuve envoya des documents à l'Académie Royale Suédoise des Sciences, parmi lesquels le brouillon d'une lettre à LAVOISIER. Elle écrivit qu'elle donna à SCHEELE les plus belles funérailles jamais vues à Köping. Elle se remaria ensuite avec un troisième pharmacien allemand.

SCÈNE 1

Un sauna à Stockholm, en 1777. Les trois femmes sont assises sur la banquette du sauna, leurs corps plus ou moins recouverts par des serviettes de bain ou d'autres linges appropriés – Mme Priestley de façon plus convenue et Mme Lavoisier de manière plus audacieuse. Chacune porte une charlotte différente, typiquement XVIIIe siècle, destinée à couvrir leurs cheveux ou leurs perruques.

Mme PRIESTLEY
(S'éventant de la main)
J'ai du mal à respirer, cette chaleur...

Fru POHL
N'ayez crainte, Madame Priestley. Nous serons bientôt à l'extérieur et un domestique viendra nous revigorer.

Mme LAVOISIER
Un homme ? quelle audace !

Fru POHL
Une femme, Madame Lavoisier ! elle va nous fouetter avec des branches de bouleau.

Mme LAVOISIER
(Riant nerveusement)
Oh, la, la !

Mme PRIESTLEY
(Choquée)
Quoi ? nous fouetter ?

Fru POHL
En Suède nous considérons cela comme bon pour la santé. Cela fait venir le sang à la surface de la peau. Beaucoup mieux que les sangsues.

Mme PRIESTLEY
(Remontant rapidement la serviette qui a glissé de son épaule)
L'impudeur de ce sauna me trouble.

Mme LAVOISIER
*(Faisant délibérément glisser sa serviette
en s'adressant à Mme Priestley)*
Madame... nous sommes entre femmes. *(En aparté)...*
Maintenant, si trois hommes venaient à entrer...

Mme PRIESTLEY
Oh, vous êtes jeune, Madame!

Mme LAVOISIER
19 ans!

Fru POHL
J'avais 20 ans quand je me suis mariée!

Mme PRIESTLEY
Et moi aussi.
(Elle se tourne vers Fru Pohl)
Combien d'enfants avez-vous?

Fru POHL
Un jeune fils. Et vous?

Mme PRIESTLEY
Trois fils et une fille
(Elle se tourne vers Mme Lavoisier)
Et vous, Madame Lavoisier?

Mme LAVOISIER
Aucun.

Mme PRIESTLEY
Ah! je suppose que vous vous êtes mariée récemment?

Mme LAVOISIER
Il y a six ans.

Fru POHL
Et pas d'enfants?

Mme Priestley

Mon premier enfant est né alors que nous n'étions mariés que depuis 10 mois.

Mme Lavoisier

Comme nous disons, en France « *Chacun son goût* ».

Mme Priestley

Ainsi, vous pensez que c'est une question de goût ? Je considérais que c'était une obligation quand je me suis mariée.
    (Avec une pointe de sarcasme)
Mais alors, bien sûr, j'avais 20 ans...

Mme Lavoisier

Peut-être les femmes mûrissent-elles plus rapidement en France... en particulier celles qui ont été élevées au couvent.

Mme Priestley

Au couvent !

Mme Lavoisier

Pas pour devenir religieuse. Et quand ma mère est morte, j'ai quitté le couvent pour servir mon père. J'avais 12 ans. *(Pause)*. J'ai même étudié la chimie... « le beurre d'arsenic » ... « le sucre de plomb » ... « les fleurs de zinc » ... Quels noms merveilleux, je me disais : d'abord, la chimie en cuisine... puis la chimie au jardin...

Mme Priestley

Une enfant de 12 ans devait trouver cela charmant.

Mme Lavoisier

Une enfant qui a aussi étudié les mathématiques... et appris à jouer du clavecin.

Mme Priestley

Comme ma sœur.

Mme Lavoisier
(Se tournant vers Fru Pohl)

Et vous Madame ? jouez-vous du clavecin ? ou peut-être de la harpe ?

Fru POHL
(Elle remue la tête, embarrassée)
J'étais trop occupée à la maison... à apprendre le travail des femmes. Et quand je me suis mariée...

Mme LAVOISIER
À 13 ans j'ai échappé aux attentions d'un Comte – beaucoup plus âgé que mon père – en épousant Monsieur Lavoisier. *(Fièrement)*. Il travaille dans le service de la collecte des impôts du royaume. Il dirige la Banque de Crédit...

Mme PRIESTLEY
Un collecteur d'impôts? un banquier?

Mme LAVOISIER
(Amusée)
Et licencié en droit à 21 ans!

Fru POHL
Et cependant votre mari a été invité en Suède pour ses découvertes en chimie?

Mme LAVOISIER
Comme le mari de Madame Priestley.
(Faussement naïve, à Mme Priestley)
Il est prêtre, n'est-ce-pas?

Mme PRIESTLEY
Il est pasteur. Et tout le monde l'appelle «Docteur Priestley».
(Soudainement fébrile)
Quand vous épousez un homme de Dieu, vous savez que vous trouverez des satisfactions plus grandes que celles apportées par la fortune. Mais nos idées Unitariennes sont combattues par l'église d'Angleterre. Nous ne pouvons pas obtenir de poste dans l'administration, nous ne pouvons pas aller à Oxford, ou à Cambridge. (Elle se reprend). Excusez-moi, je me suis laissé emporter.

Mme LAVOISIER
Quand je parlais de la chimie que j'avais apprise au couvent... mon mari m'a dit quelque chose de très utile «le but de la science, c'est l'acquisition du savoir... mais le but du scientifique, c'est d'acquérir une notoriété» *(Pause)*. La notoriété est importante pour lui... et quand je l'ai épousé elle est devenue

également importante pour moi. *(Pause)*. Et tout particulièrement lorsqu'il m'a demandé de le seconder dans ses entreprises.

Fru POHL

Il vous a demandé cela... à treize ans?

Mme LAVOISIER

«Bien sûr»... il fallait étudier la chimie. Et également l'art. J'ai pris des leçons avec Jacques-Louis David... et tout cela pour aider mon mari.

(Elle médite)

Chaque jour, au laboratoire, je faisais la liste des expériences qui devaient être faites. Antoine annonçait les quantités et je les notais. Je dessinais les planches pour ses livres... je les gravais à l'eau forte... je les corrigeais.

Mme PRIESTLEY

(Soudain compatissante)

Est-ce pour cela que vous n'avez pas eu d'enfants?

Mme LAVOISIER

(Elle ignore le commentaire)

Il fallait apprendre le latin, et aussi l'anglais. C'est moi, Madame Priestley, qui ait traduit les «*Expériences sur les différentes sortes d'air*» du Docteur Priestley... ainsi que ses écrits sur le phlogistique.

Mme PRIESTLEY

(Elle l'interrompt rapidement)

Le principe du feu... une explication pour toute la chimie.

Mme LAVOISIER

Son explication.

Mme PRIESTLEY

Que voulez-vous dire?

Mme LAVOISIER

Nous ne sommes pas convaincus,

Mme PRIESTLEY

Nous?

Mme LAVOISIER

Mon mari n'est pas convaincu... et par conséquent moi non plus.

Fru POHL

Herr Scheele est convaincu. Il le dit dans son livre...

Mme LAVOISIER
(Très curieuse)

Quel livre?

Fru POHL

Le seul livre qu'il ait écrit. Sur la chimie de l'air et du feu.

Mme LAVOISIER

Mon mari ne l'a jamais mentionné.

Fru POHL

Il paraîtra bientôt... peut-être quand vous serez encore à Stockholm.

Mme LAVOISIER
(Soulagée)

C'est donc le plus récent travail de votre mari?

Fru POHL

L'apothicaire Scheele n'est pas mon mari...

Mme PRIESTLEY

Je pensais que Pohl était le nom de votre père...

Fru POHL

Herr Pohl était apothicaire. Et le père de mon fils. Mais il est mort.

Mme PRIESTLEY
(Incapable de déguiser sa curiosité)

Et Monsieur Scheele? Peut-être est-ce un parent?

Fru POHL

Il a pris la suite de mon mari... à Köping... c'est environ à 30 lieues à l'ouest de Stockholm. Je m'occupe de sa maison.

Mme LAVOISIER

Vous êtes l'assistante de Monsieur Scheele?

Fru POHL

Pas au laboratoire.

Mme Lavoisier

Cependant, vous connaissez son nouveau livre?

Fru Pohl

Lorsque Carl Wilhelm *(Elle se reprend)...* je veux dire l'Apothicaire Scheele... est arrivé à Köping il y a deux ans, il nous a parlé de ses travaux à mon père et à moi. Il était si captivé par ce sujet.

Mme Lavoisier
(Prise au dépourvu)

Et quand ce travail a-t-il été terminé?

Fru Pohl

Quelques années auparavant, j'en suis sûre. Le livre raconte tout...

Mme Lavoisier

Et son contenu est-il connu de quelqu'un?

Fru Pohl

De votre mari. *(Pause)*. Herr Scheele n'a-t-il pas envoyé, il y a trois ans, une lettre à Paris décrivant son expérience sur «l'Air Combustible»?

Mme Lavoisier

Je n'ai pas connaissance d'une correspondance entre eux.

Fru Pohl

Je dois vous avouer qu'il s'est demandé pourquoi votre mari ne l'avait jamais remercié...

Mme Lavoisier
(Agitée)

Il n'y avait rien qui justifiât un remerciement!

Mme Priestley
(Essayant de calmer le jeu, se frottant les mains nerveusement)

Mesdames... peut-être devrions-nous nous calmer un peu.

Fru Pohl

Vous avez raison. *(Elle sourit)*. Venez.

(Elle se lève, tend une main vers Mme Lavoisier pendant que, de l'autre, elle prend la branche de bouleau encore entre les mains de Mme Priestley)
Vous avez assez transpiré. La branche de bouleau de Madame Priestley est prête.

FIN DE LA SCÈNE 1

INTERMÈDE 1

Immédiatement après la scène 1
(Partie inférieure gauche de la scène, très sombre,
les projecteurs uniquement braqués sur le visage)

                    Mme LAVOISIER
            (Elle imite la voix et les intonations de Fru Pohl)
«Et pas d'enfant?»
            (Elle reprends sa voix normale et son accent)
Qui donne à Fru Pohl le droit de questionner?.... Même pas
mariée à l'apothicaire Scheele! *(Pause).*
J'ai aidé Antoine au laboratoire... comme au salon. Mais quand
il expliquait comment nous respirons... comment brûle le
soufre... comment améliorer la poudre à canon... il parlait à des
hommes: à Monsieur Monge... à Monsieur Laplace... à Monsieur
Turgot. *(Pause).* Mais pas à moi.
            (Pause).
Cependant j'ai aidé Antoine plus qu'il ne le sait... et qu'il ne le
saura jamais.
            (Pause).
Mais je dois être prudente avec Madame Priestley... et, maintenant je le sens, aussi avec Madame Pohl. Nous ne sommes pas
venus à Stockholm pour faire des erreurs. Donc... nous aurons
des conversations de femmes. À propos de nos maris, évidemment. Comme ils sont bons. Comment nous les aidons.
            (Pause)
En portant le masque de la femme... avec le visage du mari... en
souriant poliment.
            (Pause)
Mais les hommes continueront-ils de sourire quand leurs découvertes seront contestées?
            (Pause)
Et le pourrons-nous?
            (Sortant de son rêve éveillé, avec vigueur)
Elle connaît l'existence de cette lettre, notre Madame Pohl.
(Pause). Je le crains.

                    LA LUMIÈRE S'ÉTEINT

SCÈNE 2

Salle de conférence à l'Académie Royale des Sciences de Suède, à Stockhlom, pendant l'été 2001. Les projecteurs sont braqués sur deux membres du Comité Nobel pour la chimie, les Professeurs Bengt HJALMARSSON et Sune KALLSTENIUS qui se tiennent dans la partie inférieure gauche de la scène en parlant à voix basse, comme dans une conversation privée. Plus tard, le troisième membre, Ulf SVANHOLM, les rejoint.

Sune KALLSTENIUS

Un *rétro*-Nobel ? Il doit y avoir de meilleurs moyens de célébrer le centenaire des Prix Nobel que d'en créer un nouveau pour un travail effectué avant 1901.

Bengt HJALMARSSON

Sans personne en vie pour le recevoir *(Pause)*. Malgré tout, qu'en pensez-vous ?

Sune KALLSTENIUS

J'ai plutôt envie de distinguer des disparus – c'est différent.

Bengt HJALMARSSON

C'est encore beaucoup de travail.

Sune KALLSTENIUS

Vous vous plaignez toujours du temps consacré aux travaux du Comité Nobel.

Bengt HJALMARSSON

J'ai l'impression que tout ce que je fais, c'est lire les articles des autres.

Sune KALLSTENIUS

Comment pourrions-nous faire autrement avec une liste de candidats ?

Bengt HJALMARSSON
Et l'importance de *mon* travail alors?

Sune KALLSTENIUS
La plupart des Suédois seraient fiers de payer ce prix!

Bengt HJALMARSSON
Je suis fatigué de payer! ce n'est pas étonnant que les chimistes
suédois n'obtiennent pas le vrai Prix.

Sune KALLSTENIUS
Et Tiselius?

Bengt HJALMARSSON
(Avec dédain)
Cela fait 50 ans!

Sune KALLSTENIUS
Et Bergström? et Samuelsson?

Bengt HJALMARSSON
C'était en Médecine. Et ils l'ont partagé.

Sune KALLSTENIUS
Alors démissionnez.

Bengt HJALMARSSON
(Il sourit)
Du Comité? J'aime le pouvoir... et les discussions de couloir.

Sune KALLSTENIUS
Maintenant vous avez un double pouvoir: choisir les lauréats
réguliers du Nobel ainsi que les rétro-nobélisés. D'abord les
vivants... maintenant les morts.

Bengt HJALMARSSON
Les morts ne rendent pas les faveurs.

Sune KALLSTENIUS
Oseriez-vous dire cela en public?

Bengt HJALMARSSON
Je ne fais qu'être honnête.

Sune KALLSTENIUS
L'honnêteté, c'est bien... mais la question n'est pas là!

(En entrant, Ulf Svanholm surprend ces dernières paroles)

Ulf SVANHOLM
Je m'étonne de vous entendre dire cela... surtout vous.

Sune KALLSTENIUS
(Brusquement)
Vous auriez dit la même chose!

Bengt HJALMARSSON
(Songeur)
Astrid, comme président d'un Comité Nobel,

Ulf SVANHOLM
Elle préfère qu'on l'appelle «Madame»

Bengt HJALMARSSON
Nous n'avons jamais eu de femmes auparavant...

Ulf SVANHOLM
Elle le mérite; c'est une sacrée bonne théoricienne...

Sune KALLSTENIUS
J'ai vu de bons théoriciens devenir de mauvais présidents.

Bengt HJALMARSSON
Il ne faut pas généraliser. Astrid a toujours su imposer son point
de vue.

Ulf SVANHOLM
Comment le savez-vous?

Bengt HJALMARSSON
Vous pouvez me croire. Je le sais.

Ulf SVANHOLM
Ah oui, j'oubliais! il y a eu quelque chose entre vous...

Bengt HJALMARSSON
Cela fait environ dix-huit ans. *(Pause)*. La voilà qui vient... avec
cette mystérieuse Ulla Zorn.

La lumière s'estompe vers la partie inférieure droite de la scène. Madame le Professeur Astrid Rosenqvist, Présidente du Comité, et Ulla Zorn s'approchent en conversant à voix très basse.

Ulla Zorn

Vous ne leur avez rien dit en ce qui me concerne, n'est-pas ?

Astrid Rosenqvist

Pas encore, Ulla.

Ulla Zorn

Ils doivent se demander...

Astrid Rosenqvist

Bien sûr. Les secrétaires du Comité Nobel sont d'habitude plus âgées.

Ulla Zorn

Ne s'attendent-ils pas à une chimiste comme secrétaire ?

Astrid Rosenqvist

C'est pour cela que vous êtes qualifiée de rédactrice.

Ulla Zorn

Pourquoi ne pas leur dire ce que je fais ? Ce n'est pas un secret...

Astrid Rosenqvist

Chaque chose en son temps.... Croyez-moi *(Pause)*. Regardez, ils sont déjà là.
(Elle regarde sa montre, s'approche des hommes, et s'adresse à Bengt Hjalmarsson)
Vous êtes en avance,

Bengt Hjalmarsson

Non, nous sommes ponctuels... comme tous les Suédois. Votre montre à besoin d'être remise à l'heure.

Astrid Rosenqvist
(Sourire acidulé)

Vous n'avez pas changé, Bengt. Toujours le dernier mot.
(S'adressant au reste du groupe)
Asseyons-nous et commençons à travailler.
(Les membres du Comité se dirigent vers la table de conférence. Ulla Zorn, son ordinateur portable devant elle, prend

place un peu à l'écart, mais du même côté. Devant chacun
des membres, de grands panneaux indiquent leurs noms
pour l'information du public).

Sune KALLSTENIUS
(Il s'adresse à Astrid Rosenqvist)
Un point de procédure : pourquoi sommes-nous seulement
quatre ? Nous n'avons jamais été moins de cinq membres. Il n'y
a pas d'impasse possible avec un nombre impair de membres.

Ulf SVANHOLM
Laissez dire Sune... toujours à se plaindre.

Astrid ROSENQVIST
Le nombre cinq n'a rien de magique, et il n'y a aucun précédent
à ce qu'on nous a demandé de faire...

Bengt HJALMARSSON
Ça, vous pouvez le dire : restreindre nos choix au XIXe siècle et
même avant !

Sune KALLSTENIUS
Mais au moins nous avons peu d'Américains. En fait, un seul :
Willard Gibbs. Que serait la chimie sans la thermodynamique...
sans la Règle des Phases ?

Ulf SVANHOLM
Le *premier* rétro-Nobel ?.... Pour ça ? Et encore à un Américain ?
(Pause). Le choix est évident.
        (Lentement et énergiquement)
Dimitri... Ivanovitch... Mendéleiev. Pouvez-vous imaginer la chi-
mie sans la Classification Périodique ? C'est notre « pierre de
Rosette ».

Bengt HJALMARSSON
Et que pensez-vous de Louis Pasteur ? *(Il parle lentement et avec*
emphase) « Le Prix doit être accordé à ceux qui ont procuré les
plus grands bénéfices pour l'Humanité »
        (Il reprend sa voix normale)
C'est ce qui est écrit dans les dernières volontés d'Alfred Nobel.
(Pause). Si vous arrêtez des gens dans la rue en leur demandant
« Qui a œuvré pour le plus grand bien de l'Humanité ? Gibbs ?
Mendéleiev ? ou Pasteur ? » Ils répondront, « Gibbs ? jamais
entendu parler de lui... Mendéleiev ? comment ça s'épelle ? » Mais
tout le monde connaît Pasteur.

Ulf SVANHOLM

Seulement nous ne sommes pas «des personnes dans la rue»!

(Il remarque soudainement Ulla Zorn tapant furieusement sur son clavier)

Un moment s'il vous plait!

(Il montre Ulla Zorn du doigt)

Cela fait-il partie de la réunion officielle?

Astrid ROSENQVIST

Tout doit être noté pour le compte rendu.

Ulf SVANHOLM

Mais pourquoi?

Astrid ROSENQVIST

Pour notre Nobel régulier, chaque année, nous sollicitons des milliers d'experts, dans le monde entier...

Bengt HJALMARSSON

Dieu merci, la plupart d'entre eux sont trop paresseux pour répondre.

Ulf SVANHOLM

Mais pourquoi un ordinateur?

Astrid ROSENQVIST

Parce que nous ne faisons pas que préparer la sélection habituelle de celui qui obtiendra le Prix... nous proposons également un choix de candidats. Nous avons besoin d'un rapport... pour montrer que tout a été fait régulièrement.

Bengt HJALMARSSON

Je suis toujours étonné que l'on nous demande de faire les deux.

Astrid ROSENQVIST

L'annonce officielle de l'attribution d'un rétro-Nobel est censée être une surprise. Pensiez-vous annoncer à la radio que nous voulons une liste de candidats?

(Elle tapote sur la table)

Nous avons Gibbs, Mendéleiev, Pasteur... *(Pause)*. Quels autres noms voudriez-vous voir entrer dans la compétition?

Ulf SVANHOLM

Et pourquoi pas un suédois pour le premier rétro-Nobel ? Pour que cela arrive avec les Prix réguliers, l'Académie a attendu jusqu'en 1903 avant de l'attribuer à Arrhénius.

Astrid ROSENQVIST

Il ne suffit pas que le candidat soit suédois ! Il faut aussi qu'il le mérite.

Bengt HJALMARSSON

Et que pensez-vous de Carl Wilhelm Scheele ?.... pour la découverte de l'oxygène.

Ulf SVANHOLM

Nous commençons les recherches à partir du XVIIIᵉ siècle ?

Sune KALLSTENIUS
(Cynique)

Il souhaite probablement le donner à Paracelse !

Astrid ROSENQVIST

Pas de rétro-Nobel pour les alchimistes.

Bengt HJALMARSSON

Se concentrer sur le XVIIIᵉ siècle ne serait pas une mauvaise idée. On publiait moins... et ainsi nous aurions moins à lire.

Ulf SVANHOLM

Mais si nous choisissons Scheele, pourquoi pas Lavoisier ?

Sune KALLSTENIUS

Ou Joseph Priestley ?

Bengt HJALMARSSON

Nous voilà tout droit revenus dans les embarras du Prix Nobel ! Trop de candidats.

Ulf SVANHOLM

Et pourquoi pas John Dalton, le père de la théorie atomique ?

Sune KALLSTENIUS

Ce n'est pas logique. L'oxygène devait avoir été préalablement découvert... et son rôle dans la chimie avoir été compris ! Peut-être pour le second ou le troisième rétro-Nobel...

Astrid Rosenqvist
Sune a marqué un point, la révolution chimique est venue de l'oxygène. Nous devons d'abord distinguer la découverte de cet élément.

Ulf Svanholm
Même si cette découverte est attribuée à un français ou à un anglais?

Sune Kallstenius
Attribuée? À l'évidence, vous voulez dire *partagée!*

Astrid Rosenqvist
C'est à notre Comité d'en décider...

Bengt Hjalmarsson
Et puisqu'il n'y a plus de témoins vivants, nous n'avons plus à solliciter l'opinion d'experts extérieurs.

Ulf Svanholm
Nous pourrions nous adresser à des historiens.
(Ulla Zorn le regarde)
Je plaisante.

Astrid Rosenqvist
Qu'y a-t-il de risible à propos des historiens?

Sune Kallstenius
C'est ce que deviennent les scientifiques quand ils ne peuvent plus faire de science.

Astrid Rosenqvist
Je veux parler des historiens professionnels.

Bengt Hjalmarsson
Que connaîtraient-ils de la science? *(Pause).* Vous pouvez aussi bien faire vos recherches sur Internet!

Astrid Rosenqvist
*(Elle regarde Ulla Zorn, mais décide
de ne pas poursuivre sa plaidoirie pour les historiens)*
Je me demande si Scheele, Lavoisier et Priestley se sont jamais rencontrés quelque part.

Ulla Zorn
C'est très improbable.

Bengt HJALMARSSON
Qu'est-ce qui vous fait dire cela?

Ulla ZORN
L'absence de tout témoignage.

Bengt HJALMARSSON
Mais comment sauriez-vous...?

Astrid ROSENQVIST
(Elle évite rapidement une nouvelle question)
Pensez aux compétitions royales à cette époque... Peut-être se
sont-ils rencontrés lors d'une manifestation analogue à celle de
nos Prix Nobel actuels. Pourquoi pas à Stockholm? Nous
avions alors un Roi, Gustave III, qui était très féru de science
et d'art.

Ulf SVANHOLM
(Sur le ton de la plaisanterie)
Continuons de rêver! Et, en quelle langue se seraient-ils parlés?

Astrid ROSENQVIST
(Reprenant un ton plaisant)
Qui se préoccupe de la langue dans les rêves?

Sune KALLSTENIUS
Le Docteur Sigmund Freud.

Ulf SVANHOLM
C'est peut-être pour cela qu'il n'a jamais eu le Prix Nobel.

Sune KALLSTENIUS
Ulf s'inquiète toujours de savoir comment on passe à côté des
prix.

Astrid ROSENQVIST
(Dédaigneuse)
Sune, Ulf! Il est temps d'enterrer la hache de guerre. *(Pause).*
Mais étaient-ils aussi ambitieux que leurs successeurs
modernes? J'aimerais savoir qui pourrait nous le dire.

Sune KALLSTENIUS
Les témoins incontestables: les autres scientifiques de l'époque.

Ulla ZORN
Ou leurs épouses.

Sune KALLSTENIUS

Pardon?

Ulla ZORN

Leurs *épouses*. *(Pause)*. La plupart des hommes de ce temps étaient mariés. Pourquoi ne pas s'intéresser à ce que leurs femmes avaient à dire?

FIN DE LA SCÈNE 2

INTERMÈDE 2

Immédiatement après la scène 2
*Stockholm, 1777, le même jour que pour la scène 1, quelques
heures plus tard. Pièce nue, dans laquelle les trois couples entrent
à tour de rôle, chacun occupant une partie distincte de la scène.*

*Projecteurs sur Mme LAVOISIER et LAVOISIER qui entrent du côté infé-
rieur droit de la scène. Ils murmurent.*

Mme LAVOISIER

Attention!

LAVOISIER

À quoi?

Mme LAVOISIER

Un défi.

LAVOISIER

Une expérience?

Mme LAVOISIER

Un livre...

LAVOISIER

De Priestley?

Mme LAVOISIER

Non, de Scheele.

LAVOISIER

De Scheele?

Mme LAVOISIER

Oui, en effet.

LAVOISIER

C'est un bon chimiste.

Mme LAVOISIER

Et méticuleux.

LAVOISIER

J'ai confiance en lui.

Projecteurs sur Mme PRIESTLEY et PRIESTLEY qui entrent en scène. Ils murmurent.

Mme PRIESTLEY

Prenez garde!

PRIESTLEY

À quoi?

Mme PRIESTLEY

Une expérience.

PRIESTLEY

La mienne est prête!

Mme PRIESTLEY

Une expérience qui pourrait avoir été déjà faite.

PRIESTLEY

Par qui?

Mme PRIESTLEY

Par Scheele.

PRIESTLEY

Qu'a-t-il pu obtenir?

Mme PRIESTLEY

Quelque chose, autrefois.

PRIESTLEY

Mais il lui faut du nouveau!

Mme PRIESTLEY

Il se pose des questions...

PRIESTLEY

J'ai confiance en lui.

Projecteurs sur Fru POHL et SCHEELE qui entrent en scène. Ils murmurent.

Fru POHL

Je lui ai dit.

SCHEELE

Et alors?

Fru POHL

Elle le dément.

SCHEELE

Il ne lui en a peut-être pas fait part.

Fru POHL

J'en doute.

SCHEELE

Pourquoi?

Fru POHL

Elle tient sa correspondance.

SCHEELE

Ah!

Fru POHL

Mais elle fut plus curieuse.

SCHEELE

C'est-à-dire?

Fru POHL

Elle en parlera à son mari.

SCHEELE

Je n'ai pas confiance en lui.

LA LUMIÈRE S'ÉTEINT

SCÈNE 3

Salle de conférence à l'Académie Royale des Sciences de Suède, à Stockhlom, quelques minutes après la scène 2. Les projecteurs sont braqués sur Bengt HJALMARSSON et Ulf SVANHOLM rapprochés l'un contre l'autre et qui murmurent comme dans une conversation confidentielle.

Bengt HJALMARSSON

«Enterrer la hache de guerre». Que voulait dire Astrid par là?

Ulf SVANHOLM

Vous l'ignorez? Évidemment, Sune le démentira.

Bengt HJALMARSSON
(Impatiemment)

Il démentira quoi?

Ulf SVANHOLM

Vous vous souvenez de cet article du groupe de Stanford sur de nouveaux catalyseurs pour les polymères oxygénés?

Bengt HJALMARSSON
(Dédaigneusement)

N'aviez-vous pas de catalyseurs similaires en réserve?

Ulf SVANHOLM

Identiques. Sauf que la publication américaine est sortie quelques mois plus tôt... et maintenant ils obtiennent la Médaille Gibbs pour ce travail... grâce à *(lourd sarcasme)* notre distingué collègue, le Professeur Kallstenius! Je parie que c'est pour cela qu'il a proposé Willard Gibbs pour le rétro-Nobel... rien que pour en rajouter.

Bengt HJALMARSSON

Je ne comprends pas.

Ulf Svanholm

Quand j'ai achevé la rédaction de mon travail et que je l'ai envoyé pour publication, c'est Sune qui a été chargé de l'évaluer.

Bengt Hjalmarsson

Et alors?

Ulf Svanholm

Il l'a gardé sous le coude pendant deux mois avant de l'examiner.

Bengt Hjalmarsson
(Dédaigneux)

C'est classique. Savez-vous combien d'articles je reçois pour expertise?

Ulf Svanholm

J'ai encore perdu six mois à obtenir quelques sacrés spectres qu'il m'a demandés. Pendant ce temps, il en informait ses copains de Stanford.

Bengt Hjalmarsson
(Il devient grave)

En êtes-vous certain?

Ulf Svanholm

Qui d'autre aurait pu leur dire? Il les connaît tous... et tous trop bien!

Bengt Hjalmarsson

En recherche... les découvertes simultanées arrivent fréquemment.

Ulf Svanholm

Arrêtez de me sermonner!

Bengt Hjalmarsson

Ulf, calmez-vous! Pourquoi ne pas supposer qu'ils l'ont trouvé par eux-mêmes?

Ulf Svanholm

Absurde!

Bengt Hjalmarsson

Vous êtes obsédé par cette histoire. Laissez tomber.

Ulf Svanholm

Obsédé? Nous sommes toujours dans une compétition où être le premier compte plus que tout. Si c'est pour être le second, autant être le dernier. Il n'y a qu'une seule médaille d'or – ici la Médaille Gibbs – mais pas de médaille d'argent ou de bronze.

Bengt Hjalmarsson

Je n'accablerai pas Sune. Il est trop honnête... vous n'avez qu'à regarder son visage.

Ulf Svanholm

Je pense que vous êtes de son côté. Nous portons tous des masques.

Bengt Hjalmarsson

Quel est le vôtre?

Ulf Svanholm

Devinez.

LA LUMIÈRE S'ÉTEINT

(Stockhom, 1777, le jour de l'intermède 2,
quelques heures plus tard).

Scheele

Comme c'est aimable à vous, Monsieur Lavoisier, d'être venu de si loin. Moi, je n'ai jamais quitté la Suède.

Lavoisier

L'invitation est venue de Sa Majesté. Cependant,

Scheele

Cependant, Monsieur?

Lavoisier

La curiosité du Roi en matière scientifique est connue de nous tous...

Scheele

Elle l'est en effet.

Lavoisier

Même envers la chimie des gaz?

SCHEELE
Peut-être.

LAVOISIER
(Sarcastique)
Et s'y ajoute le désir personnel de nous voir vérifier publique-
ment, comme l'invitation le précise,... « les revendications de chacun des savants sur l'Air Combustible ».

SCHEELE
Peut-être est-ce précisé.

LAVOISIER
On ne refuse rien à un Roi. Cependant...

SCHEELE
Cependant, Monsieur ?

LAVOISIER
Qui est derrière tout ceci ? Qui a l'oreille du Roi ?

SCHEELE
Tobern Bergman. *Primus inter pares*, le premier des scientifiques
suédois... ainsi que,

LAVOISIER
...votre meilleur soutien.

SCHEELE
Ce n'est tout de même pas une tare ?

LAVOISIER
Nous avons tous nos protecteurs... et *(Il simule un signe de croix)*
nous prions tous les jours pour que Dieu leur prête longue vie et
soutien durable.

SCHEELE
Quel est donc votre problème, alors ?

LAVOISIER
Le génial Bergman a classé tous les corps chimiques en inorga-
niques et organiques...

SCHEELE
Ce n'est qu'un de ses nombreux traits de génie.

LAVOISIER

Le Professeur Bergman ne s'est jamais intéressé personnelle-
ment aux gaz. Pourquoi a-t-il alors organisé cette rencontre?
Pour déployer le drapeau suédois au-dessus de tous les autres?

SCHEELE

Parce qu'il désire savoir lequel de nous trois a été touché le premier par la grâce divine.

LAVOISIER
(Ironique)

Tandis que vous, non?

SCHEELE

Moi, je sais déjà. Cependant...

LAVOISIER

Cependant, Monsieur?

SCHEELE

Pourquoi pas vous-même? *(Pause)*
(Priestley entre)
Ou le Docteur Priestley?

LAVOISIER

Ah, Monsieur. Vous arrivez à point nommé.
(Il s'adresse à Priestley)
L'invitation Royale, vous vous en souvenez, exige de chacun
d'entre nous une expérience décisive...

PRIESTLEY

Cela nous est demandé, en effet.

SCHEELE

Expérience qui, Sa Majesté le suggère, doit être réalisée par un
tiers.

PRIESTLEY

Mais pourquoi?

SCHEELE

Pour confirmer la revendication de chacun d'entre nous.

PRIESTLEY

La revendication? Mais un fait peut-il être *revendiqué?*

SCHEELE

Dès qu'elles sont reproduites par un tiers, les revendications deviennent des faits.

PRIESTLEY

Bien évidemment. Mais le Roi, ou *(Pause)* vous-même, douterait-il de mes expériences?

SCHEELE

Bien sûr que non, mon Cher Docteur. Mais le monde a besoin de preuves.

PRIESTLEY

Et preuve il y aura. À demain donc!

LAVOISIER
(Il l'arrête)

Un moment! Madame Lavoisier et moi-même souhaitant vous divertir, vous et vos épouses... et bien entendu Sa Majesté... vous proposons pour votre agrément... *(Pause)* et peut-être aussi pour votre édification... une pièce que nous avons écrite et jouée... *(Pause)*... mais une seule fois. Vous permettrez-nous de vous présenter ce soir un spectacle où s'affronteront, masqués, le phlogistique et l'oxygène?

PRIESTLEY

Ah, quelles étranges façons vous avez en France de présenter des arguments scientifiques!

LAVOISIER

Mais Sa Majesté, Gustave III, adore les mascarades!

SCHEELE

Peut-être trop... à ce que disent certains.

FIN DE LA SCÈNE 3

SCÈNE 4

Stockhlom, 2001. Académie Royale Suédoise des Sciences, une semaine plus tard. Les membres du Comité sont regroupés autour de la table de conférence pendant qu'Ulla Zorn s'assied avec son ordinateur devant une petite table séparée.

Astrid ROSENQVIST
Préalablement à la découverte : Personne ne s'interroge sur le fait que l'oxygène est source de bienfaits pour l'humanité, d'accord ?

Bengt HJALMARSSON
L'oxygène était bon pour les gens avant qu'il soit « découvert ».

Ulf SVANHOLM
Mais il y a des quantités de bienfaits qui *nécessitent* l'isolement préalable de l'oxygène. Que dire des victimes d'emphysème sous une tente à oxygène ?... des alpinistes sur l'Éverest avec leurs bouteilles d'oxygène ?... des astronautes, dans leurs combinaisons spatiales ?

Sune KALLSTENIUS
Nous n'avons pas choisi l'oxygène pour son utilité pour les alpinistes, les astronautes ou les malades.

Ulf SVANHOLM
Vous voilà repartis dans votre discours habituel... dans sa tour d'ivoire, l'Académie dédaigne les applications...

Astrid ROSENQVIST
Trouvons un compromis. Qui aimerait, en quelques phrases simples, expliquer au grand public, selon Ulf, que sans la découverte de l'oxygène, il n'y aurait pas eu de révolution chimique... et pas de chimie telle que nous la connaissons ?

Bengt HJALMARSSON
Je vais faire un essai. Avant de parler de Lavoisier...

Sune KALLSTENIUS
Vous voulez dire avant la découverte de l'oxygène...

Bengt HJALMARSSON
Pour moi c'est la même chose.

Sune KALLSTENIUS
Pas pour moi.

Bengt HJALMARSSON
Peu importe... Avant la révolution chimique, on était convaincu que lorsque quelque chose brûlait, quelque chose d'autre se dégageait... on l'appelait le phlogistique...
(Il se tourne vers Ulla Zorn)
Souhaitez-vous que je l'épelle?

Ulla ZORN
(Rapidement et avec dédain, sans lever les yeux et tout en tapant rapidement)
P... H... L... O... G... I... S... T... I... Q... U... E.

Astrid ROSENQVIST
Cela suffit, Bengt! Le grand public... et à notre époque même beaucoup de chimistes... n'ont pas la moindre idée sur la signification du mot "phlogistique". Ils ne le prononcent même pas. Alors... soyez clair... et bref.

Bengt HJALMARSSON
«Phlogistique: L'essence du feu». Est-ce assez bref comme définition?

Astrid ROSENQVIST
C'est un peu trop bref.

Bengt HJALMARSSON
Vous êtes vraiment difficile à satisfaire. Mais pourquoi encore s'ennuyer avec une théorie périmée?

Astrid ROSENQVIST
Parce que Priestley et Scheele, ainsi que la plupart des chimistes du XVIIIe siècle, n'étaient pas des imbéciles. Et ils ont cru au phlogistique jusqu'à leur mort.

Sune KALLSTENIUS

Et c'était sensé... d'une certaine manière. Ils pensaient que lorsqu'un corps quelconque brûle, quelque chose... et particulièrement ce merveilleux phlogistique... *quitte* le corps en train de se consumer et s'échappe dans l'air.

Astrid ROSENQVIST

Pour tous les chimistes, le phlogistique était la « Grande Théorie Unifiée » de leur temps.

Bengt HJALMARSSON
(Sarcastique)

Oh, bien sûr... cela pouvait justifier n'importe quoi. Cette théorie prétendument de bon sens fut brutalement anéantie... par la vision révolutionnaire de Lavoisier... que durant le processus de combustion... quelque chose est *pris* dans l'air. Et ce « quelque chose », c'est l'oxygène !

Ulf SVANHOLM

Pourquoi ne pas dire simplement que le vocabulaire de la chimie était une sacrée pagaille et que la grammaire était entièrement fausse ? Mettons-nous au travail pour choisir le gagnant. Les prix sont attribués à des individus, pas à des découvertes.

Astrid ROSENQVIST

Les prix sont attribués à des individus, c'est vrai. Mais il faut qu'ils aient découvert quelque chose, et qu'ils l'aient compris.
(Pause)
Je propose maintenant que chacun d'entre vous prenne l'entière responsabilité d'apporter la preuve des revendications de l'un des candidats. Qui parle couramment français ?

Bengt HJALMARSSON

« *Il n'y a pas de doute que c'est moi !* » Je n'ai pas passé deux ans de Post-doc à l'Institut Pasteur en parlant suédois.

Astrid ROSENQVIST
(Elle ignore le commentaire)
Qui d'autre parle couramment français ?

Sune KALLSTENIUS

Confiez-moi du grec ou du latin. Ou de l'allemand...

Astrid Rosenqvist
(Elle s'adresse à Svanholm)

Et vous?

Ulf Svanholm
(Avec dédain)

«*Comme ci, comme ça*»... le français courant des lycées.

Sune Kallstenius

C'est évident.

Astrid Rosenqvist

Les archives concernant Lavoisier sont principalement en France et, évidemment, écrites en français. Lavoisier est votre homme, Bengt.
(Rosenqvist se tourne vers Kallstenius)
Vous savez que Scheele a surtout écrit en allemand... et un peu dans un latin particulier, Je propose que vous preniez Scheele...
(Elle se tourne vers Svanholm)
Ce qui vous laisse Priestley. D'accord?

Ulf Svanholm

M'offrez-vous un choix?

Astrid Rosenqvist

Je vous offre un candidat. Mais si vous n'êtes pas content, vous pouvez travailler avec Sune sur les deux hommes.

Ulf Svanholm

Merci! Je prendrai Priestley.

Astrid Rosenqvist

Évidemment, vous pouvez toujours vous battre en duel.

Sune Kallstenius

Seulement si j'ai le choix des armes.

Bengt Hjalmarsson

Restons-en là.
(Il regarde sa montre et commence à se lever)
Ce sera tout pour aujourd'hui?

Astrid Rosenqvist

Il y a un problème qui nécessite absolument que vous examiniez très attentivement les documents originaux.

Sune KALLSTENIUS

Et quel est-il ?

Astrid ROSENQVIST

Je fais référence à la lettre de Scheele à Lavoisier... dans laquelle il décrivait ses propres expériences sur l'oxygène, qu'il appelait *Feuerluft*... Lavoisier a-t-il reçu cette lettre ? et si oui, quand ?

Ulf SVANHOLM

En d'autres termes, nous revenons tout droit à nos préoccupations habituelles sur la priorité... le Syndrome du Nobel : qui a fait quoi le premier ?

Astrid ROSENQVIST

Et celui qui l'a fait le premier a-t-il vraiment compris ce qu'il avait fait.

Ulf SVANHOLM

En quoi serait-ce important ?

Astrid ROSENQVIST

Je suis une théoricienne. Pour moi, il est nécessaire de comprendre ce que l'on trouve. Peut-être est-ce moins important pour vous ? *(Pause).* Vous êtes un expérimentateur... en fait, vous vous salissez les mains.

Ulf SVANHOLM

Maintenant ce sont les mains de mes étudiants.

Bengt HJALMARSSON

Ainsi, c'est de la saleté que nous cherchons ?

Ulf SVANHOLM

Je me demande simplement quelle sorte de saleté nous allons trouver... la saleté issue d'un travail honnête ou d'une saleté d'usurpation ?

Bengt HJALMARSSON

Et où allons-nous chercher ?

Ulla ZORN
(Elle lève les yeux de son ordinateur)
Les épouses. *(Pause).* C'est là que je chercherais.

Ulf Svanholm
(Troublé)

Les épouses?

Ulla Zorn

N'est-ce pas elles que l'on voit habituellement nettoyer les saletés?

FIN DE LA SCÈNE 4

INTERMÈDE 3

Immédiatement après la scène 4
(Partie inférieure gauche de la scène)

Ulf SVANHOLM
Et maintenant, que pensez-vous d'elle?

Bengt HJALMARSSON
Astrid?

Ulf SVANHOLM
Non, Ulla Zorn

Bengt HJALMARSSON
De l'eau qui dort... et pas vraiment calme.

Ulf SVANHOLM
Astrid la considère comme une rédactrice.

Bengt HJALMARSSON
(Dédaigneux)
C'est de l'esbroufe. Rien qu'un terme bidon pour secrétaire.

Ulf SVANHOLM
Hormis son allusion aux épouses... elle n'a presque rien dit.

Bengt HJALMARSSON
C'est pourquoi je me méfie.

Ulf SVANHOLM
De Zorn?

Bengt HJALMARSSON
D'Astrid. Avoir amené Zorn parmi nous fait partie d'un plan personnel. Je le sens!

Ulf SVANHOLM

Vous pouvez garder vos commentaires sur Astrid... Ce qui m'intéresse, c'est de savoir ce que vous pensez de ce rétro-Nobel.

Bengt HJALMARSSON

Il est trop tôt pour le dire. Et vous ?

Ulf SVANHOLM

Se remémorer l'histoire de notre discipline est rafraîchissant.

Bengt HJALMARSSON

J'ai l'impression que vous vieillissez.

Ulf SVANHOLM

À quel âge commence-t-on à vieillir ?

Bengt HJALMARSSON

Dans les sciences, seuls les vieux vivent dans le passé.

Ulf SVANHOLM

Et vous ?

Bengt HJALMARSSON

Mon avenir m'intéresse... c'est pourquoi je retourne maintenant au laboratoire. À bientôt pour la prochaine réunion.

(Ils sortent)
(Les femmes entrent par la partie supérieure de la scène)

Ulla ZORN

Je ne peux pas me contenter de rester assise ici... vous devez le leur dire.

Astrid ROSENQVIST

La prochaine fois. Vous êtes satisfaite ?

Ulla ZORN

Oui. *(Pause).* Puis-je vous poser une question ?

Astrid ROSENQVIST

Bien sûr.

Ulla ZORN

Vous, que voulez-vous vraiment obtenir de tout ceci ?

Astrid ROSENQVIST
Vous voulez parler de la Présidence du Comité?

Ulla ZORN
Seulement d'en faire partie.

Astrid ROSENQVIST
N'aimeriez-vous pas être à la fois juge et partie? Espérer des honneurs pour être le premier est la maladie professionnelle des scientifiques. Dieu sait que nous ne sommes pas là pour gagner de l'argent! Et quand nous écrivons des articles, nous sommes censés nous conduire en «gentlemen»...
(Elles rient)
bien décidés à accroître les connaissances. Mais les Comités Nobel sont particuliers: Dans le domaine des sciences, nous distribuons les plus grands éloges.

Ulla ZORN
Sans les désirer ardemment pour vous-même?

Astrid ROSENQVIST
Je n'ai pas dit cela.

Ulla ZORN
J'espère que ma question ne va pas vous gêner: Qu'en est-il du Prix Nobel pour vous-même?

Astrid ROSENQVIST
Aucune Suédoise ne l'a jamais obtenu, dans aucune discipline scientifique. Mais cela finira bien par arriver.

Ulla ZORN
N'êtes-vous pas la première femme qui ait jamais présidé un Comité Nobel?

Astrid ROSENQVIST
Si.

Ulla ZORN
Quelle importance cela a-t-il pour vous... d'être la première?

Astrid ROSENQVIST
Vous commencez à vous comporter comme un procureur... ou un psychanaliste.

Ulla ZORN

Excusez-moi... ce n'était pas mon intention. Je voulais seulement savoir quel prix vous seriez prête à payer pour réussir comme scientifique... et comme femme.

Astrid ROSENQVIST

Je n'ai pas d'enfant. Beaucoup considèrent que c'est chèrement payé.

Ulla ZORN

Comme Madame Lavoisier? *(Pause)*. Considérez vous le Comité comme votre enfant?

Astrid ROSENQVIST

Il est certain que le Comité n'a ni le comportement d'un enfant ni l'impression d'être considéré comme tel,... mais c'est un défi. Un comité controversé chargé d'un travail difficile : proposer le premier lauréat du rétro-Nobel de Chimie. Si nous arrivons avec un choix convaincant, l'Académie, probablement...

Ulla ZORN

... l'entérinera sans discussion?

Astrid ROSENQVIST
(Rires)

Ce sont vos termes... pas les miens. Pour être convaincant nous devons aussi être unanimes... ou très proches de l'unanimité. Je dois gérer tout cela. Ce n'est pas un travail facile... vous avez dû percevoir quelques courants contraires.

Ulla ZORN

En effet *(Pause)*.

Astrid ROSENQVIST

Ulf et Sune ne sont pas très subtils.

Ulla ZORN

Je pensais à vous et à Bengt.

LA LUMIÈRE S'ÉTEINT

SCÈNE 5

Stockholm 1777.
SCHEELE et Mme LAVOISIER se rencontrent

Mme LAVOISIER

Ah... Monsieur Scheele! Avez-vous vu mon mari? La mascarade
de ce soir nécessite encore quelques préparatifs.

SCHEELE

Non, je ne l'ai pas vu. Mais Madame...

Mme LAVOISIER

Oui?

SCHEELE

J'apprends que vous conservez la correspondance de votre mari.

Mme LAVOISIER

Comment avez-vous pu savoir cela?

SCHEELE

Fru Pohl me l'a dit.

Mme LAVOISIER

Elle vous dit tout?

SCHEELE

C'est une femme sincère. Avec moi elle partage le bon... et le
mauvais.

Mme LAVOISIER

Comme une épouse.

SCHEELE

Ou une amie. Mais, Madame, puisque vous lisez tout ce qui est
envoyé à votre mari...

Mme LAVOISIER

J'essaye.

SCHEELE

Une question alors.

Mme LAVOISIER

Oui?

SCHEELE

Sara Margaretha a mentionné la lettre que j'ai expédiée il y a trois ans...

Mme LAVOISIER
*(Elle pousse un cri rapidement en montrant
du doigt l'extérieur de la scène)*
Oh... voilà Antoine. Je dois le rattraper.

*Les lumières baissent puis reviennent
sur Fru POHL et LAVOISIER*

Fru POHL

Monsieur Lavoisier! Quelle chance de vous rencontrer...

LAVOISIER

Madame voudra bien m'excuser, mais je dois préparer la mascarade de ce soir.

Fru POHL

Vous avez sûrement le temps de répondre à une simple question?

LAVOISIER

Les questions posées par une femme sont rarement simples.

Fru POHL

Une question courte alors?

LAVOISIER

C'est encore pire: les questions courtes ne sont jamais simples.

Fru POHL

Monsieur... Je n'ai pas l'habitude de jouer sur les mots.

LAVOISIER

Mais votre obstination est désarmante. Votre question alors?
Votre *unique* question?

Fru POHL

Hier... dans le sauna...

LAVOISIER
(Rapidement)

Une curieuse coutume nordique... mais que ma femme a trouvé
tonique.

Fru POHL

C'était mon idée d'inviter les dames.

LAVOISIER

La nudité peut être désarmante.

Fru POHL

Madame Lavoisier n'était pas désarmée.

LAVOISIER

Évidemment pour désarmer... il faut d'abord être armé.

Fru POHL

Votre femme l'était.

LAVOISIER

Madame Pohl, vous êtes observatrice.

Fru POHL

Les femmes de la campagne se doivent de l'être.

LAVOISIER

Touché, Madame. Mais votre question... votre question simple et
courte?

Fru POHL

Pourquoi?

LAVOISIER
(Pris au dépourvu)

Est-ce votre question?

Fru POHL

Oui.

LAVOISIER

En effet, elle est courte... mais est-elle simple? Pourquoi quoi?

Fru POHL

Pourquoi avez-vous accepté l'invitation de notre Roi?

LAVOISIER
(Il la regarde un long moment)
Vous êtes une femme intelligente, Madame Pohl.

(Il s'apprête à sortir)

*Les lumières baissent puis reviennent
sur PRIESTLEY et Mme LAVOISIER*

PRIESTLEY

Beaucoup de choses se sont passées depuis que nous nous sommes rencontrés à Paris...

Mme LAVOISIER

Trois ans, c'est long...

PRIESTLEY

Il n'y a que les jeunes pour penser ainsi...

Mme LAVOISIER

Les jeunes n'auraient-ils pas le droit d'avoir une opinion?

PRIESTLEY

Une opinion? Bien sûr. *(Pause).* Je faisais allusion à votre jugement, Madame.

Mme LAVOISIER

Peut-être les femmes mûrissent-elles plus rapidement en France...

PRIESTLEY

Une conclusion que vous avez déjà partagée avec mon épouse...

Mme LAVOISIER

Ainsi, elle vous a parlé de notre rencontre?

PRIESTLEY
Mon épouse ne me cache rien.

Mme LAVOISIER
(Sotto voce)
Ça, c'est que j'appellerai un manque de jugement.

PRIESTLEY
Pourquoi?

Mme LAVOISIER
Certaines choses doivent être cachées... même dans un sauna.

PRIESTLEY
C'est une autre opinion... ou un autre jugement?

Mme LAVOISIER
Uniquement un commentaire. Mais peu importe. *(Pause)*. Vous semblez fâché Monsieur... j'espère que je n'en suis pas la cause.

PRIESTLEY
Il y a trois ans...

Mme LAVOISIER
Vous dîniez à notre table... satisfait et enthousiaste.

PRIESTLEY
Vous traduisiez...

Mme LAVOISIER
Je faisais de mon mieux... et vous sembliez reconnaissant...

PRIESTLEY
Je l'étais alors.

Mme LAVOISIER
Mais plus maintenant?

PRIESTLEY
Je ne suis pas sûr que vous ayez tout traduit...

Mme LAVOISIER
Peut-être ma connaissance de l'anglais manque-t-elle de...

PRIESTLEY
L'anglais de Madame est excellent.

Mme LAVOISIER
J'apprécie le compliment. *(Pause)*. Évidemment, un interprète est aussi un filtre, un tamis...

PRIESTLEY
Dont l'efficacité dépend de la taille des mailles.

Mme LAVOISIER
En effet, elle en dépend... et la mienne est fine.

PRIESTLEY
Je parlais du filtrage de l'information... pas des impuretés.

Mme LAVOISIER
Mais moi aussi, Monsieur.

FIN DE LA SCÈNE 5

SCÈNE 6

Une pièce nue, à l'exception d'un rideau de théâtre. M. et Mme Priestley, Scheele et Fru Pohl sont assis, le dos tourné au public. La scène suggère une loge royale occupée. M. et Mme Lavoisier entrent.

LAVOISIER et Mme LAVOISIER
(Ils saluent en faisant une profonde révérence),
Majestés!

LAVOISIER
Docteur et Madame Priestley!

Mme LAVOISIER
Apothicaire Scheele, Fru Pohl...

LAVOISIER
Soyez les bienvenus!

Mme LAVOISIER
Majestés... connaissant votre goût pour le théâtre et l'opéra...

LAVOISIER
Dans votre magnifique théâtre de Drottningholm...

Mme LAVOISIER
Et dans la tradition de la cour de notre Roi Louis XVI...

LAVOISIER
Nous vous présentons un bref divertissement, une mascarade, concernant...

Mme LAVOISIER
La Victoire de l'Air Vital...

LAVOISIER
Sur le Phlogistique!

(De la musique de Lully, Rameau, Mozart, ou, si possible, du compositeur suédois Johan Helmich Roman, s'élève majestueusement. Scheele et Priestley se déplacent pour montrer leur inquiétude. Les Lavoisier, après s'être masqués, entrouvrent les rideaux. À partir de cet instant et jusqu'au moment où la mascarade commence, la musique doit diminuer ou se transformer en un accompagnement récitatif au clavecin.

LAVOISIER *(tenant le rôle du Phlogistique)*
(Il joue de manière prétentieuse, infatuée,
accompagné d'une musique pompeuse.
Il déclame, de préférence en récitatif)
Esprit de la Chimie, mon nom est Phlogistique ;
Je suis l'élément clef, le cœur de l'atomique.
Les anciens philosophes, nos savants helléniques,
Sur l'eau, l'air et la terre ignoraient ma pratique.
Sans moi tout reste obscur, grossier et archaïque.
Je transmue les matières de façon scientifique :
Sels et métaux précieux, tous les produits chimiques
Exaltés par mes soins, s'offrent à vous, magnifiques.

(Les couples Priestley et Scheele approuvent de la tête,
et miment des applaudissements)

Mme LAVOISIER *(tenant le rôle de l'Oxygène)*
(Elle porte le masque de l'Oxygène)
Vous paraissez bien sûr, très brillant Capitaine,
De quoi le monde est fait. Il faut que je comprenne.
Je vais vous écouter, attentive et sereine,
Dites-moi, je vous prie, comment cela s'enchaîne.

PHLOGISTIQUE
Pour commencer, Madame, prenons le calorique.
Dans l'air, tout corps qui brûle me rend pneumatique !
Le charbon et la graisse sont pleins de phlogistique.
Après qu'ils aient brûlés, je suis atmosphérique !

OXYGÈNE
Avez-vous une fin ou êtes-vous pérenne ?

PHLOGISTIQUE
Écoutez-moi encore, gracieuse sceptique,
Je suis présent dans l'air à dose pléthorique
Mais j'apparais aussi, de façon plus typique :

Pour un métal qui rouille, je deviens erratique,
Oui, je m'échappe. Mais je vous sens agonistique...

OXYGÈNE
Vos miracles sans fin! poursuivez, que j'apprenne!
PHLOGISTIQUE
Depuis le minerai je suis le métallique,
À l'extraction, mon rôle est tout sauf empirique.
Je suis dans le charbon aussi, ce qui explique
Du minerai, pour moi, le rôle sudorifique.

OXYGÈNE
Merveilleux! Mais à vous suivre j'ai de la peine.
Et votre théorie n'est que calembredaine!
Nous savons que les airs existent par dizaines,
La science est déjà bien riche en ce domaine.
L'eau n'est point élément, elle est hétérogène.
Et Antoine, *mon mari*, va le montrer sans peine.

(Priestley devient très agité à partir de cet instant)

PHLOGISTIQUE
Une révélation? j'en accepte le diagnostic.

OXYGÈNE
Mon mari montrera que tous ces phénomènes
Dépendent de l'air vital – qu'il appelle «oxygène».
Phlogistique, âme du feu? cette prétention vaine
L'est aussi pour la rouille. Non, c'est l'oxygène.
Nourrir les flammes, donner la rouille, il se démène!
Au charbon et au fer il se lie bien, sans gêne.
L'idée du Phlogistique nulle part ne nous mène,
Seul, du minerai, le charbon prend l'oxygène!
Et de plus, votre idée sur la rouille est malsaine.
Pendant qu'il se corrompt, mon cher énergumène,
Le poids de tout métal ne reste pas indemne
Le métal pour cela doit capter l'oxygène.
Pourquoi donc dans ce cas ressasser votre antienne?

PHLOGISTIQUE
(Embarrassé)
Ma chère, *(Pause)*... Phlogistique est si fantomatique
Que son poids, presque nul, devient anecdotique
Et dans ce cas, alors, où est l'arithmétique?

(En même temps il danse avec un grand ballon pour simu-
ler son dégagement dans l'atmosphère)

OXYGÈNE

Mon cher Monsieur, voyez, votre erreur vous gangrène.
Des masses négatives sont des sottises vaines.
Une révolution arrive sur la scène
De la chimie : je viens de nommer l'oxygène.
Théorie dépassée, périmée, plus qu'ancienne,
Le phlogistique, Monsieur, n'est plus pour les mécènes.

(Les Priestley, Scheele et Fru Pohl s'agitent de plus en plus
à partir de cet instant et jusqu'à la fin de la scène)

Et vos cinq éléments sont à mettre à la benne,
Deux terres, feu, air, et eau ? Quelle est cette quintaine ?
Sans compter l'oxygène, il y en a des vingtaines,
Certains déjà connus, d'autres feront l'aubaine
Des chimistes à venir. Dans ces années prochaines
Ils nous honoreront. Ces principes contiennent
La chimie du futur. Ah, que ces temps surviennent !
Chaque élément possède une masse, la sienne.
Les masses se combinent, les masses se maintiennent
Dans une réaction ; il faut qu'on le comprenne.
« Rien ne se perd, rien ne se crée », quoi qu'il advienne.
Il est temps de nier les théories anciennes
Et de prendre parti devant nous, sur la scène,
Pour la chimie nouvelle, enfin, pour l'oxygène.
Souverains protecteurs, distingués Rois et Reines
Soyez remerciés. Vos lumières amènes
Ont fait du phlogistique, cette vieille rengaine,
Une idée abolie, sans peur qu'elle revienne.
Célébrons du vainqueur la victoire certaine
Sur ce vieux phlogistique, victoire souveraine !

(Phlogistique et Oxygène se battent jusqu'au final musical.
Mme Lavoisier crève le ballon avec son épingle à chapeau
et Phlogistique tombe par terre. Les Priestley, Scheele et Fru
Pohl renversent leurs chaises et quittent précipitamment la
scène)

(Les Lavoisier jettent leurs masques à terre)

LAVOISIER

Cela ne leur a pas plu! Nous sommes peut-être allés trop loin.

Mme LAVOISIER

Nous avons semé le doute... et le leur va croître.

LAVOISIER

Je suis inquiet.

FIN DE LA SCÈNE 6

(Fin du premier acte si la mise en scène comporte un entracte)

SCÈNE 7

Scène 7. Stockholm, 2001; Académie Royale des Sciences de Suède, deux semaines après la Scène 4.

Astrid ROSENQVIST
Ainsi, sur son lit de mort, Scheele épouse la veuve du pharmacien qui l'avait précédé. C'est touchant, Sune... mais quel est le rapport avec ce qui nous intéresse?

Ulf SVANHOLM
(Sur un ton irrité)
Et le rétro-Nobel sera accordé pour leurs travaux... pas pour leurs vies privées!

Sune KALLSTENIUS
Et que ferez-vous si vous ne pouvez les dissocier?

Bengt HJALMARSSON
Lavoisier aussi a eu une vie privée! On lui a même coupé la tête... et cela n'a rien à voir avec la chimie qu'il a faite. Ce fut un collecteur d'impôt... un travail pas vraiment populaire pendant la Révolution française *(Pause)*. Mais votre homme, Scheele, et Fru Pohl vivaient-ils ensemble?

Sune KALLSTENIUS
Cela dépend de la définition qu'on donne à «vivre ensemble». La plupart du temps, ils résidaient dans la même demeure, qu'elle entretenait pour Scheele. *(Pause)*. Mais cohabitaient-ils? On a dit de Scheele «qu'il n'a jamais touché un corps sans faire une découverte». Mais il s'agissait de corps chimiques, pas de corps féminins. À mon avis, Scheele resta célibataire toute sa vie... un moine chimiste.

Ulla ZORN
Très habile!

Sune Kallstenius

Mademoiselle Zorn... vous semblez avoir une opinion sur ce sujet. Après tout, vous êtes la seule qui ayez parlé des épouses.

Ulla Zorn
(Rapidement, mais à voix basse)

Oui.

Sune Kallstenius

«Oui» vous avez une opinion particulière... ou «oui», ils cohabitaient?

Ulla Zorn

«Oui» pour la première question... et «peut être» pour la seconde.

La lumière s'éteint progressivement sur le comité (Rosenqvist, Hjalmarsson et Svanholm se figent, pendant qu'Ulla Zorn et Sune Kallstenius changent de costume sur la scène et la traversent en descendant.

Les projecteurs éclairent Scheele et Fru Pohl Fru Pohl se dirige vers un buffet et fait semblant de moudre du café.

Fru Pohl

Carl Wilhelm... il est temps que vous rentriez. Il fait si froid dans cet abri. Si seulement vous pouviez avoir votre propre laboratoire.

Scheele
(Tapant des pieds par terre)

Je sais que vous vous souciez de moi, Sara. Mais il faut du temps pour dissoudre dans l'acide ce minerai que Bergmann m'a envoyé. Il pourrait bien y avoir un nouveau métal là-dedans.

Fru Pohl

Mon fils et moi avons déjà dîné, mais il y a un repas pour vous sur la table. *(Elle hésite)*. Et une lettre de votre éditeur, Swederus, à Uppsala.

Scheele

Pas de livre?

Fru Pohl

Non, mais il le promet.

SCHEELE
(Exaspéré)
Mais quand? Je l'ai terminé l'année dernière. Il l'a gardé sous le coude pendant des mois. Je me suis plaint. Maintenant trois mois de plus ont passé, et mes expériences sur l'air combustible se périment dans cette sacrée boutique d'imprimeur.

Fru POHL
Soyez patient, d'autres connaissent votre travail.

SCHEELE
Quelques amis... en Suède, mais ce livre dépassera le cadre de nos frontières.

Fru POHL
Je voudrais pouvoir vous aider, Carl Wilhelm. Si seulement je n'étais pas si ignorante...

SCHEELE
Votre sollicitude à mon égard est plus importante pour moi. Mais maintenant je dois finir cette lettre.

Fru POHL
À qui?

SCHEELE
À Monsieur Lavoisier, le chimiste français. Il possède des lentilles ardentes, Sara, qui sont aussi grandes que notre maison.

Fru POHL
Monsieur Lavoisier doit vraiment vouloir mettre le feu partout.

SCHEELE
Les siennes fournissent une plus grande chaleur. Il est capable de réaliser des réactions chimiques que personne d'autre ne peut faire.

Fru POHL
Mais saurait-il exploiter une pharmacie?

SCHEELE
Il le pourrait car il s'y connaît en affaires. *(Pause)*. Dans ma lettre, je lui demande de refaire mes expériences sur la préparation de l'air combustible.

Fru POHL

Pourquoi le demander à *lui*?

SCHEELE

Parce que mon gaz est nouveau. Et que la meilleure façon de faire connaître mon expérience au monde est de demander à l'un des meilleurs scientifiques de la refaire.

Fru POHL
(Hésitante)

Pardonnez mon impertinence, Carl Wilhelm... mais... est-ce ce que vous désirez le plus? Que tout le monde parle de vous?

SCHEELE
(Déconcerté)

Personne ne m'avait encore posé cette question. (*Il réfléchit*). La notoriété est importante,

Fru POHL

Vous avez celle de vos concitoyens de Köping.

SCHEELE

Je veux être mon propre patron, c'est simple! et je veux gagner suffisamment d'argent... pour vous faire vivre, vous et votre fils.

Fru POHL

Nous nous débrouillons.

SCHEELE

Grâce à votre frugalité.

Fru POHL

Je ne me suis jamais plainte.

SCHEELE

Je sais... mais je veux gagner suffisamment d'argent pour acheter de meilleurs instruments, une lentille ardente plus puissante.

Fru POHL

Et pour chauffer votre laboratoire! Carl Wilhelm... je m'inquiète pour votre santé.

SCHEELE
*(Il se déplace vers elle, prend ses mains
entre les siennes, puis s'arrête pendant
qu'il examine ses propres mains puis les siennes)*
Regardez! Le café s'est fixé sur vos mains! Serait-ce une forme de magnétisme?

Fru POHL
Je voudrais bien.

*Les lumières diminuent progressivement
(Scheele et Fru Pohl changent de costume sur la scène et rejoignent les autres membres du Comité)*

Ulla ZORN
Vous voyez? Il a *touché* une partie du corps de Sara et a fait une découverte. (*Pause*). Et ceci pourrait bien avoir été comme une sorte de magnétisme *personnel.*

Bengt HJALMARSSON
(Stupéfait)
Mais où avez-vous déniché cette information?

Ulla ZORN
Scheele a mentionné cet incident dans une lettre à Johan Carl Wilcke, le secrétaire de l'Académie Royale des Sciences de Suède.

Sune KALLSTENIUS
Et comment êtes-vous tombée sur cette lettre?

Astrid ROSENQVIST
(Elle l'interrompt)
Plus tard.

Bengt HJALMARSSON
Non, Astrid! Pas plus tard! Maintenant!

Astrid ROSENQVIST
Pourquoi est-ce si urgent?

Bengt HJALMARSSON
J'ai le sentiment que votre définition de la profession de «rédactrice» n'est pas celle du dictionnaire. (*Il se tourne vers Ulla Zorn*). Où avez-vous découvert cette mine d'informations?

Astrid ROSENQVIST

Bon, d'accord, Ulla... dites-lui.

Ulla ZORN

Je termine ma thèse à l'Université de Lund...

Sune KALLSTENIUS

De nos jours, la plupart des étudiants en chimie savent à peine qui était Scheele.

Ulla ZORN

C'est peut-être davantage le point de vue des professeurs que celui des étudiants.

Ulf SVANHOLM

Touché!

Bengt HJALMARSSON
(Vers Ulf Svanholm, sarcastiquement)
Je vois que vous n'avez pas oublié votre français.
(Vers Ulla Zorn)
Mais cette lettre à Wilcke dans laquelle Scheele parle de cette mouture de café avec sa petite amie – d'ailleurs était-elle vraiment sa petite amie? – comment l'avez-vous trouvée?

Ulla ZORN

Elle s'appelait Sara Margarethe Pohl. Et je l'ai trouvée comme vous l'auriez fait vous-même : en cherchant!

Bengt HJALMARSSON
(Ironique)
Je vois.
(Reprenant un ton normal)
Dans ce cas, laissez-moi vous dire qu'en ce qui concerne mes recherches... mais avant de vous parler de Lavoisier, le chimiste, le banquier et l'économiste... et qui a tout fait, de l'enterrement du mesmérisme au transport de poudre à canon pour les Américains..., écoutez quelques détails savoureux concernant Madame Lavoisier.

Ulla ZORN

Ça alors! je n'ai jamais imaginé que mes commentaires sur les épouses produiraient un tel effet sur ce Comité.

Bengt Hjalmarsson
Pas d'autosatisfaction, Mademoiselle Zorn. Pour mes recherches, je ratisse toujours large, avec un grand filet.

Astrid Rosenqvist
Particulièrement quand il tombe sur des femmes! (*rires*). Excusez-moi... cela m'a échappé. Continuez, Bengt... dites-nous ce que vous avez pris dans votre filet.

Bengt Hjalmarsson
Avant toute chose, Madame Lavoisier n'était pas seulement son épouse...
(D'un ton moqueur vers Ulla Zorn)
Elle était sa rédactrice... Bien sûr pas tout le temps.

Ulla Zorn
(Froidement)
Ce n'est pas une occupation à plein temps très intéressante... pour une femme ambitieuse.

Astrid Rosenqvist
Tout est possible pour une femme ambitieuse.

Bengt Hjalmarsson
Elle l'a même aidé dans son labo... Bien qu'elle sortait à peine de l'adolescence quand elle a épousé Lavoisier... son premier mari.

Ulf Svanholm
Son premier mari? Combien d'hommes a-t-elle eus?

Bengt Hjalmarsson
Le deuxième mari, le Comte Rumford, je pense qu'elle aurait aimé l'oublier... même s'il fut presque aussi célèbre que Lavoisier. Mais d'hommes? Probablement un bon nombre... même selon nos critères actuels. Benjamin Franklin fut durement éconduit par elle. Mais Pierre Samuel Du Pont...

Sune Kallstenius
Le Du Pont américain? le chimiste millionnaire?

Bengt Hjalmarsson
Son père était français. Mais c'est une autre histoire, une histoire d'amour.
(Il prend un papier)

Du Pont lui a écrit une lettre quatre ans après la mort de Lavoisier... après... et je cite sa lettre «vingt-deux ans de relations et dix-sept ans d'intimité».

(Pause)

Autrement dit, ils ont été «intimes»... pendant au moins 13 ans alors que les Lavoisier étaient encore mariés.

Astrid ROSENQVIST

Un couple moderne.

Bengt HJALMARSSON

*(Il continue à lire mais en fixant Rosenqvist
comme si les mots s'adressaient à elle).*

«Si vous aviez continué de m'aimer, j'aurais accepté patiemment cette destinée...»

(Il lève les yeux de la lettre, et s'adresse à Rosenqvist)

C'est Du Pont qui s'exprime... pas moi...

(Il reprend la lettre, et continue de lire)

«Parce qu'une seule soirée avec vous, autour du feu... aurait été une consolation pour mes yeux et un baume pour mon cœur... je vous ai appartenu, ma chère jeune amie...». La *jeune* amie avait alors quarante et un ans!

(On entend la sonnerie d'un téléphone portable. Les membres du Comité, surpris, regardent autour d'eux, peut-être également vers les spectateurs comme si le téléphone se trouvait dans la salle).

Ulla ZORN

(Énervée, elle fouille dans son sac pendant que le téléphone continue de sonner, éventuellement avec une mélodie agaçante. Elle trouve finalement le téléphone et murmure de façon audible).

Oui? *(Pause brève)*. Pour Ithaca. *(Pause brève)*. New York... *(Pause brève)*. Classe économique! *(Pause brève)*. Trois jours seulement... quatre tout au plus. *(Pause brève)*. Rappelez plus tard... je ne peux pas parler maintenant.

(Elle repose le téléphone, le regard peu amène)

Excusez-moi, je ne savais pas qu'il était connecté.

Les lumieres baissent

(Bengt et Ulf se déplacent vers un côté de la scène, Astrid et Ulla vers l'autre. Sune reste figé sur son siège. Projecteurs sur les visages de Bengt et de Ulf).

Bengt HJALMARSSON
Cet appel téléphonique...

Ulf SVANHOLM
Je ne toucherai jamais à un téléphone portable.

Bengt HJALMARSSON
Un autre indice que vous vieillissez... (*Il rit*). Pourquoi s'envole-t-elle pour Ithaca?

Ulf SVANHOLM
Probablement un petit ami... à Cornell.

Bengt HJALMARSSON
J'en doute.

La lumière faiblit puis les projecteurs se braquent sur le visage des deux femmes.

Ulla ZORN
Vous n'êtes pas en colère, n'est-ce pas?

Astrid ROSENQVIST
Juste amusée.

Ulla ZORN
Cela me soulage.

Astrid ROSENQVIST
Mais vous vous mettez trop en avant.

Ulla ZORN
Bengt Hjalmarsson m'agace.

Astrid ROSENQVIST
Bengt est un homme compliqué.

Ulla ZORN
Je suppose que c'est un compliment.

Astrid ROSENQVIST
Pas nécessairement... ce n'est rien d'autre qu'une remarque due à l'expérience.

Les lumieres baissent, puis reviennent sur le comité réinstallé

Astrid ROSENQVIST

Ulf... puisque nous devons entendre les recherches historiques de chacun, qu'avez-vous dégotté sur Priestley? Ou avez-vous passé votre temps sur Madame Priestley?

Ulf SVANHOLM

Certainement pas! Priestley vécut au bon moment et au bon endroit : l'Angleterre... l'endroit idéal au XVIIIe pour la chimie des gaz. Dans le cas de Priestley, le chimiste autodidacte venait juste de devenir Pasteur. Il a publié 50 articles sur la théologie, 13 sur l'éducation, 18 sur la politique, la société, et sur des sujets métaphysiques...

Bengt HJALMARSSON

Un prédicateur faisant de la chimie en amateur...

Ulf SVANHOLM
(Levant les bras au ciel)

...et *cinquante* publications et pas moins de *douze* ouvrages sur les sciences! Vous ne voudriez tout de même pas appeler cela de l'amateurisme, n'est-ce-pas?

Sune KALLSTENIUS

Mais *qu'*y a-t-il dans tous ces ouvrages et ces publications? Nous devons prendre en compte le contenu... et la qualité... pas la nature diarrhéique de sa production d'auteur.

Ulf SVANHOLM

J'y arrive, j'y arrive! Mais juste parce que Scheele n'a terminé qu'un seul ouvrage... et uniquement parce que votre homme était constipé...

Astrid ROSENQVIST
(Sur le ton de la réprimande)

Cela suffit! Qu'en est-il de la chimie?

Bengt HJALMARSSON

Priestley a-t-il compris la signification de ce qu'il faisait?

Ulf SVANHOLM

Il a réalisé toutes sortes d'expériences sur l'air...

Bengt HJALMARSSON

Tout à fait à l'aveuglette.

Ulf Svanholm
(Commençant à montrer de l'irritation)
Il étudiait au fur et à mesure de ses expériences. Quand Lavoisier prépara son «air vital», il a utilisé la méthode de Priestley, n'est-ce pas? C'est le résultat qui compte. Et contrairement à Scheele, Priestley était suffisamment ambitieux pour faire connaître ce qu'il avait trouvé.

Sune Kallstenius
Peut-être cette ambition a-t-elle obscurci son jugement.

Ulf Svanholm
Qu'avez-vous contre l'ambition? Regardez-la comme l'imperfection qui donne toute sa valeur à un tapis persan.

Sune Kallstenius
Cela signifie-t-il qu'un tapis sans imperfections ne pourrait avoir autant de valeur... ou même davantage?

Ulf Svanholm
Je commence à regretter d'avoir parler d'ambition... ou de tapis. Oublions les deux! Peu importe... Priestley aimait parler de son travail... et même probablement à sa femme.
(ton ironique)
Cela vous surprend-il Mademoiselle Zorn?

Ulla Zorn
Pourquoi le serai-je? Madame Priestley avait de l'éducation... elle écrivait de belles lettres... et elle était une véritable assistante.

La lumière diminue sur le Comité.
(Hjalmarsson, Zorn et Kallstenius se figent, tandis qu'Astrid Rosenqvist et Ulf Svanholm changent de costume et se dirigent à l'opposé du comité)

Les projecteurs se braquent sur le couple Priestley

Mme Priestley
Et qu'avez-vous fait à Paris?

Priestley
J'ai visité Versailles avec Lord Shelburne.

Mme Priestley
Et vous avez bien dîné, sûrement.

PRIESTLEY

En fait, rien qu'un soir à la table de Monsieur et de Madame Lavoisier. La plupart des intellectuels de la ville étaient là. Je leur ai parlé de mon nouveau gaz dans lequel une bougie brûle beaucoup mieux que dans l'air ordinaire.

Mme PRIESTLEY

J'aurais aimé vous accompagner, Joseph.

PRIESTLEY

J'aurais aimé vous avoir près de moi. Oh, c'était difficile, Mary.

Mme PRIESTLEY

Ils ne vous ont pas cru?

PRIESTLEY

Qui sait! je parlais un français si approximatif, je connaissais le langage courant, mais pas les termes scientifiques.

Mme PRIESTLEY

Je les aurais traduits pour vous.

PRIESTLEY

Vous êtes une femme intelligente, Mary... mais, et les enfants? Peu importe... Madame Lavoisier m'a demandé comment j'avais préparé le gaz.

Mme PRIESTLEY
(Inquiète)

Et vous le lui avez dit?

PRIESTLEY

Bien sûr! Madame Lavoisier a tout compris. Elle l'a expliqué à son mari.

Mme PRIESTLEY

Elle travaille aussi avec lui au laboratoire?

PRIESTLEY

En effet! Après le dîner, elle a montré des dessins de leurs appareils... beaucoup mieux que les miens... ce qui, je l'espère, persuadera notre Intendant de dénouer un peu plus les cordons de sa bourse. Mais ses dessins étaient excellents...

Mme PRIESTLEY
Je l'envie. J'ai appris jadis à dessiner...

PRIESTLEY
Vous m'aidez différemment... vous prenez merveilleusement soin
de la maison et de la famille...

Mme PRIESTLEY
Et de l'argent. Mais je m'inquiète pour nos revenus.

PRIESTLEY
Je dépends des faveurs de l'Intendant...

Mme PRIESTLEY
Qui pourraient nous être retirées sans préavis.
        (Elle s'arrête quelques instants, montrant du doigt un journal)
Joseph... avez-vous appris ce que Samuel Johnson dit de vous?

PRIESTLEY
Cet écrivaillon!

Mme PRIESTLEY
Il dit que «cet homme est néfaste, ses travaux bouleversent
tout».

PRIESTLEY
(Il rit)
Il n'est pas aussi bon qu'Edmond Burke, Mary. Il en est même
loin. Burke m'a surnommé «le gaz délirant, l'air immuable qui
s'est manifestement échappé».
        (Il rit à nouveau)
Mais au moins il a cru en l'existence d'un de mes gaz.

Mme PRIESTLEY
J'aimerais que vous soyez plus prudent.

PRIESTLEY
Des changements viendront... libérant les hommes de toutes les
entraves dans lesquelles ils ont été tenus jusqu'à maintenant.
Pourquoi avoir peur? et de qui? de ces courtisans lèche-cul?

Mme PRIESTLEY
Mais votre laboratoire... votre travail... nos enfants? Les gens
s'excitent contre nous, en ville.

PRIESTLEY

Laissez-les parler. Maintenant laissez-moi vous montrer cette lettre de Benjamin Franklin... son amitié contrebalance toutes les aigreurs des autres.

Les lumières diminuent
(Les Priestley changent de costume et rejoignent les autres membres du Comité).

La lumière revient

Ulf SVANHOLM

N'est-ce pas ironique? Priestley – un chimiste conservateur... pensez à sa défense inébranlable du phlogistique – était tellement révolutionnaire en matière de politique et de religion que la populace a brûlé sa maison à Birmingham. (*Pause*). Trois ans plus tard, il émigrait en Amérique... avec l'aide de Benjamin Franklin.

Astrid ROSENQVIST

Il a peut être été un conservateur, mais il a fait beaucoup de choses nouvelles. Comme vous. (*Elle sourit à Ulf*). Pouvons-nous passer à la lettre de Scheele? Lavoisier l'a-t-il reçue? l'a-t-il lue?

Bengt HJALMARSSON

Lavoisier n'y fait nulle part allusion, pas de lettres, aucune rumeur, aucun document de contemporains... du moins en France... absolument rien qui indique qu'il ait jamais reçu une communication écrite de Scheele. Cependant la réponse est... (*pause*)... oui.

Astrid ROSENQVIST

Oui aux deux questions?

Bengt HJALMARSSON

Aux deux.

Ulla ZORN

Et la preuve?

Bengt HJALMARSSON

Ce sont les conclusions de Grimaux.

Ulla ZORN
(Dédaigneuse, mais à mi-voix)

Oh ça!

Astrid ROSENQVIST

Qui est Grimaux?

Bengt HJALMARSSON

Un chimiste français devenu historien, et qui a trouvé la lettre de Scheele en 1890. Elle est restée... cachée parmi des papiers de Lavoisier pendant plus de cent ans.

Astrid ROSENQVIST

Et vous l'avez vue?

Bengt HJALMARSSON
(Il commence à fouiller dans son attaché-case)
Oui. Elle se trouve maintenant dans les archives de l'Académie française des Sciences. *(Triomphant)*. Et j'ai apporté quelques diapositives qui le prouvent. Voici la première page.
(Il projette la diapositive et va vers l'écran pour montrer du doigt la phrase significative. Il lit rapidement).

Bengt HJALMARSSON

«Je ne désire rien avec tant d'ardeur que de vous pouvoir faire montrer ma reconnaissance». Pas mal, non?

Sune KALLSTENIUS
(Il sourit)
Bien, bien! Ainsi vous êtes en train de rejoindre le camp de Scheele!

Ulla ZORN

Professeur Hjalmarsson... j'espère que cela ne vous dérangera pas d'apporter une petite correction.

Bengt HJALMARSSON

Quelle correction?

Ulla ZORN

«Reconnaissance» signifie «gratitude», pas «découverte». Scheele ne fait que remercier Lavoisier pour un livre qu'il lui a envoyé auparavant.

Bengt HJALMARSSON
(Légèrement irrité, mais il se reprend vite)
Évidemment! que je suis stupide. Mais d'où tenez-vous votre français?

Ulla Zorn
Un ancien copain... il était français.

Bengt Hjalmarsson
Ah, oui... c'est de loin la meilleure façon d'apprendre le français... mais revenons à la lettre. Voici la seconde diapositive :
(Il projette la diapositive)

Sune Kallstenius
(Il saute de sa chaise, file à l'écran et montre du doigt les dernières lignes)
Notez la date, le 30 septembre 1774. Et la signature de Scheele.

Ulla Zorn
Mais cela ne prouve pas que Lavoisier ait réellement lu cette lettre.
(Ils se mettent tous à la regarder, surpris).

Bengt Hjalmarsson
Et qu'est-ce qui vous fait dire cela ?

Ulla Zorn
Un scepticisme d'historienne.

Bengt Hjalmarsson
(Pris au dépourvu, il se dirige vers Zorn pour lui faire face)
Quel est déjà le sujet de votre thèse ?

Ulla Zorn
Je n'ai rien dit.

Bengt Hjalmarsson
Quelque secret d'état que vous ne voulez pas partager avec nous ?

Ulla Zorn
Pas du tout. Vous ne me l'avez tout simplement jamais demandé.

Bengt Hjalmarsson
Je vous le demande maintenant.

Ulla Zorn
« Les femmes dans la vie de quelques chimistes du XVIIIᵉ siècle ».

Bengt HJALMARSSON
Et pourquoi ne pas nous avoir dit cela plus tôt?

Ulla ZORN
Vous ne sembliez pas avoir une très haute opinion sur les historiens… Peut-être est-ce toujours le cas?

FIN DE LA SCÈNE 7

SCÈNE 8

(Stockholm 2001, immédiatement après la Scène 7. Les membres du Comité, à l'exception de Hjalmarsson, sont partis, tandis que Zorn rassemble des papiers et ferme son ordinateur)

Bengt HJALMARSSON

Maintenant que tout le monde est parti, j'espère qu'un commentaire ne vous dérangera pas.

Ulla ZORN

Je n'avais pas le choix avant... une nouvelle remarque ne m'offusquera donc pas.

Bengt HJALMARSSON

Ainsi, Astrid a senti qu'elle devait vous faire entrer ici incognito ? Ne vous sentez-vous pas manipulée ?

Ulla ZORN

Avec vous j'aurai pu le ressentir. Mais pas avec le Professeur Rosenqvist.

Bengt HJALMARSSON

« Le Professeur Rosenqvist ! » Pourquoi ne l'appelez-vous pas « Astrid » ?

Ulla ZORN

C'est ce que je fais... habituellement.

Bengt HJALMARSSON

Et pourquoi pas maintenant ?

Ulla ZORN

Par respect... pour elle. Je n'ai pas aimé la façon dont vous l'avez interrogée... à propos de ma présence.
(Hjalmarsson la regarde, puis s'assied sur un bord de la table en lui faisant face).

Bengt HJALMARSSON

Vous avez raison... J'étais irrité. Je n'aime pas être pris au dépourvu. Bien sûr, vous ne vous êtes pas comporté comme une rédactrice effacée. *(Il rit).* Quel mot précieux... «rédactrice»!

Ulla ZORN

Pour une fois nous sommes d'accord. Je le déteste. Je n'aime pas non plus être réduite à enregistrer les minutes d'un Comité... fût-ce un Comité Nobel.

Bengt HJALMARSSON

C'est bien ce que vous avez montré.

Ulla ZORN
(Sarcastique)

J'essaierai de m'améliorer... maintenant que vous savez que je suis aussi une historienne. Imaginez ce que j'ai ressenti lors de la première réunion quand vous avez tous dénigré ma profession.

Bengt HJALMARSSON

Comment aurions-nous su qu'une historienne était dans la salle?

Ulla ZORN

Vous n'auriez pas agi différemment?

Bengt HJALMARSSON
(Il rit)

Probablement pas.

Ulla ZORN
(Rêveusement)

En fait j'ai le sentiment que quelque chose a changé.

Bengt HJALMARSSON

Et quoi donc?

Ulla ZORN

Vous pensez tous, maintenant, que vous êtes des experts dans *mon* domaine.

Bengt HJALMARSSON

Est-ce pour cela que vous avez rapporté ces ragots historiques? Pour montrer que nous avions encore quelque chose à apprendre?

Ulla ZORN
(Elle change de sujet)
Quand je vous vois tous... vous épiant les uns les autres... vous
inquiétant de savoir qui a publié, qui n'a pas publié...

Bengt HJALMARSSON
Vous êtes intriguée.

Ulla ZORN
Ce n'était pas l'idée que je me faisais de la science et des scientifiques.

Bengt HJALMARSSON
Vous pensiez que nous rangions des scarabées dans les casiers
d'un musée?

Ulla ZORN
Je pensais qu'au cœur de la science il y avait la pure curiosité.
Je vois cela avec Scheele... peut être aussi chez Priestley. Je
commence à avoir des doutes avec Lavoisier.

Les lumières faiblissent
(Trompettes, comme pour la cérémonie de remise des Prix Nobel,
signalant le changement de lieu et de d'époque).

Les lumières reviennent

(La scène suggère l'emplacement d'un palais ou d'un théâtre
royal. Au centre ou à droite de la scène, une table d'expérimenta-
tion, nue. Des expériences, réelles ou simulées, seront réalisées
sur cette table; il pourra également y avoir des projections qui
seront faites par l'arrière de l'écran. Dans la partie inférieure
gauche de la scène se trouve le sauna où les femmes apparaî-
tront).

VOIX DU CHAMBELLAN
Vos Majestés, illustres invités! Dans toute l'Europe, la chimie
des gaz est à l'ordre du jour. Une controverse est soulevée:
Qui, parmi ces grands savants, a découvert l'air vital nécessaire à la vie? *(Pause)*. Une médaille d'or... portant l'effigie de
notre Roi Gustave III... sera frappée en l'honneur de l'authen-
tique découvreur. Et notre Roi est par ailleurs célèbre pour sa
munificence...

PRIESTLEY
(En aparté)
Comme pour gaspiller l'argent du peuple...
(Trompettes)

VOIX DU CHAMBELLAN
Que le jugement de Stockholm commence! Et laissons les trois savants être leurs propres juges! L'air vital! *(Pause)*. Lequel d'entre vous l'a obtenu le premier?

SCHEELE
(Posément mais rapidement)
C'est moi. Et je l'ai appelé *Eldsluft*... un terme bien suédois pour le gaz combustible.

PRIESTLEY
Mais n'est-ce pas l'air débarrassé de tout phlogistique? L'air qui enflamme toute chose? C'est pourquoi je l'ai nommé «Air déphlogistiqué». *(Pause)*. Mais, mon cher Scheele... où aurions-nous pu apprendre votre découverte?

SCHEELE
Dans mon livre, qui est près de paraître...

PRIESTLEY
J'ai préparé ce gaz en chauffant le *Mercurius calcinatus* en 1774 et...
(Il s'arrête, puis enfle sa voix et devient emphatique)
j'ai communiqué cette découverte la même année!
(Il s'adresse à Scheele)
Je n'ai connaissance d'aucune publication de vos...

LAVOISIER
(Souriant)
Mes amis... «Qui chasse le lièvre ne l'attrape pas toujours.»

SCHEELE
Il n'y a pas de lièvre à attraper quand personne ne donne le signal de la chasse.

LAVOISIER
C'est pourquoi c'est à nous de décider qui, le premier, a compris la nature de l'air vital...

PRIESTLEY
(Sarcastique)
Et qu'est-ce que *cela* signifie?

SCHEELE
Il est essentiel de savoir qui a *préparé* ce gaz le premier...

PRIESTLEY
... car c'est sa découverte que retiendra la postérité, pas l'interprétation éphémère de son rôle.

LAVOISIER
(Changeant de sujet)
Procédons aux expériences que nous jugeons décisives en la matière. Lequel d'entre nous commencera?

SCHEELE
Monsieur Lavoisier, faites-moi l'honneur de réaliser l'expérience que je vous ai fait connaître par lettre, il y a trois ans environ.

LAVOISIER
Je n'ai connaissance d'aucune lettre de votre part,

SCHEELE
(Il sort un papier de son manteau)
Laissez-moi la lire pour vous.

(Les lumières diminuent; projecteurs sur les deux hommes. C'est la première des trois scènes expérimentales. La scène est obscurcie, à l'exception des projecteurs sur la paillasse, sur l'homme qui réalise l'expérience, ainsi que sur celui qui le dirige).

SCHEELE
(Il lit la lettre gardée dans sa main)
Dissoudre l'argent dans l'acide de nitre et faire précipiter avec l'alcali de tartre. Laver le précipité, le sécher, et le réduire au moyen d'une lentille ardente... Un mélange de deux gaz se dégagera. Et il restera du pur argent.

LAVOISIER
Et ensuite?

(L'éclairage faiblit sur les hommes qui continuent leurs expériences en les mimant. Les lumières éclairent les femmes dans le sauna.)

Mme PRIESTLEY

Comme l'air est chaud dans votre sauna, Fru Pohl!

Fru POHL

Cependant... c'est l'air que nous respirons tous.

Mme LAVOISIER

Seule une partie de celui-ci est l'air vital, le reste...

Fru POHL

En effet, cette partie est l'air que l'apothicaire Scheele a préparé. Une fois, il m'a invitée dans son appentis pour me montrer l'expérience de la préparation de l'air combustible qu'il avait faite auparavant à Uppsala. Il a fait barboter le nouveau gaz formé à travers une sorte d'eau.

Mme LAVOISIER

Ce devait être de l'eau de chaux.

Mme PRIESTLEY

Elle est devenue trouble, n'est-ce pas?

Fru POHL

Comment le savez-vous?

Mme PRIESTLEY

J'ai assisté aux conférences de Joseph sur l'air fixé.

Mme LAVOISIER

Le même air que nous expirons... celui que nous pouvons éliminer en le faisant passer à travers l'eau de chaux.

Fru POHL

Dans l'air restant, il m'a permis d'introduire rapidement une braise qui venait de s'éteindre. Il ne restait qu'une lueur à son extrémité. C'était en début de soirée.

(Le flamboiement de la braise pendant l'expérience des hommes coïncide avec la remarque de Mme Priestley).

Mme PRIESTLEY
Alors elle s'illumina avec la plus brillante des flammes... et se remit à brûler!

Fru POHL
Comment pouvez-vous savoir cela?

Mme PRIESTLEY
Parce que mon Joseph l'a également fait.

Mme LAVOISIER
Nous l'avons tous fait.

(Les lumières s'éteignent sur les femmes et reviennent sur les hommes)

SCHEELE
J'ai réalisé cette expérience en 1771 dans une pharmacie à Uppsala... avec un équipement beaucoup plus modeste que celui que Votre Majesté vient de mettre à notre disposition.

PRIESTLEY
Cependant, vous ne l'avez pas fait savoir?

SCHEELE
J'en ai parlé au Professeur Bergmann... je pensais qu'il en avait parlé autour de lui.

PRIESTLEY
Votre expérience a été faite avec un sel d'argent.

SCHEELE
J'ai obtenu le gaz les trois années suivantes de plusieurs façons différentes. Y compris avec le mercure rouge, *mercurius calcinatus*, comme vous le fîtes.

LAVOISIER
Ce composé, le mercure rouge – c'est aussi comme cela que nous... le Dr. Priestley et moi-même... avons préparé ce gaz.

PRIESTLEY
Nous? (Pause). Nous n'étions pas dans le même laboratoire, Monsieur Lavoisier! Je vous prie de dire clairement qui fit quoi et quand. Moi, j'ai été le premier à préparer ce gaz... et je l'ai fait

seul. Je vais vous montrer maintenant comment j'ai réalisé cela. Monsieur Scheele, voulez-vous réaliser cette expérience?

SCHEELE

Ce sera un honneur pour moi de la faire.

(Les deux hommes se dirigent vers la table de démonstration; les lumières baissent)

PRIESTLEY

En août 1774, dans mon laboratoire, j'ai soumis le *mercurius calcinatus*... la croûte rouge qui se forme lorsque le mercure est chauffé à l'air... au feu de ma lentille ardente. Tant que le solide rouge est chauffé, un gaz sera émis, tandis que des gouttelettes noires de mercure se condenseront sur les parois du récipient. Vous collecterez le gaz en le faisant barboter dans de l'eau.

LAVOISIER

Mais où est votre balance, Dr. Priestley? Le gaz ne sera-t-il pas pesé?

PRIESTLEY

Une montre est suffisante. Nous avons ici deux bocaux... l'un avec de l'air ordinaire... l'autre avec mon nouvel air déphlogistiqué. Monsieur Scheele, maintenant prenez une souris...

(Les lumières diminuent sur les hommes qui continuent à mimer l'expérience.
Les lumières reviennent sur les femmes).

Mme PRIESTLEY

Je lui ai demandé: «pourquoi des souris?»

Fru POHL

Et alors?

Mme PRIESTLEY

Le bon docteur a répondu: Voudriez-vous utiliser des enfants anglais? les souris vivent comme nous vivons.

Mme LAVOISIER

Grâce à une partie de l'air ordinaire.

Mme PRIESTLEY

Alors il a mis une souris dans un bocal rempli d'air pur.

Fru POHL

Dans lequel elle est morte au bout d'un certain temps.

Mme PRIESTLEY

Comment savez-vous cela ?

Fru POHL

L'apothicaire Scheele me l'a montré.

Mme LAVOISIER

C'est un fait bien connu, déjà décrit par d'autres savants.

Mme PRIESTLEY

Et ensuite il a mis la deuxième souris dans...

Fru POHL

L'air combustible...

Mme PRIESTLEY

L'air déphlogistiqué de mon Joseph...

Mme LAVOISIER

Et elle vécut beaucoup plus longtemps, n'est-ce pas ? C'est pourquoi nous avons qualifié ce nouveau gaz d'éminemment respirable. Ou vital.

Mme PRIESTLEY

Je déteste les souris.

Fru POHL
(Elle rit)

Avec les organismes vivants, Carl Wilhelm peut être maladroit. Il les a souvent laissé tomber ! Mais nous connaissons les souris chez nous. Si je ne les attrapais pas, c'est le chat qui s'en chargeait.

(Les lumières s'éteignent sur les femmes et éclairent les hommes)

LAVOISIER

Il n'y a pas de doute que la méthode du Dr. Priestley produit l'air vital. Mais,

PRIESTLEY

Mais, Monsieur ?

LAVOISIER

C'est à mon tour maintenant. Puis-je procéder?

SCHEELE, PRIESTLEY

Certainement.

LAVOISIER

Nous venons d'observer qu'une souris vit plus longtemps dans l'air vital que nous avons tous préparé. Mais, à la fin, cette souris va aussi mourir, quand l'air sera appauvri. Cependant, dans mon travail *personnel*... je suis allé plus loin, au-delà du fait d'observer que des souris meurent. Majestés, Messieurs! Ce gaz... que je propose dorénavant d'appeler «oxygène»...

PRIESTLEY

(Il l'interrompt)

Objection, Monsieur! C'est facile de donner un nouveau nom à quelque chose... quand on ne sait pas ce que l'on a! Soyez descriptif Monsieur! Pourquoi pas déphlogistiqué...?

LAVOISIER

(Il l'interrompt)

Je connais les gaz aussi bien que vous Monsieur. «Oxy» est le terme Grec... qui signifie "aigu" ou "acide". Et puisque je crois que notre gaz peut être trouvé dans tous les acides, je suis descriptif...

PRIESTLEY

Descriptif? Bah! Vous, Monsieur, vous êtes aigu... ou peut être acide... mais notre air déphlogistiqué n'est ni l'un ni l'autre.

LAVOISIER

Ayez la courtoisie de me laisser continuer. Ce gaz est au cœur de toute la chimie. J'ai montré que lorsque nous respirons, la merveilleuse machinerie de notre corps transforme une masse donnée d'oxygène... en d'autres gaz et en eau.

PRIESTLEY

Mais c'est évident!

LAVOISIER

Pas avant que vous ne l'ayez pesé! Pour cela... (Il affronte Priestley)... une montre n'est *pas* suffisante... Puisque rien n'est gagné... ni perdu en ce monde... que ce soit pour l'économie d'un pays ou pour une réaction chimique... le bilan de la chimie de la vie doit être établi.

PRIESTLEY

Ah, c'est le banquier en vous...

LAVOISIER
(Ignorant le commentaire de Priestley)
J'ai apporté de Paris un costume en caoutchouc que j'ai imaginé. Il récupère tous les effluents du corps... pour nous montrer que l'équation s'équilibre. *(Pause)*. Dr. Priestley, êtes-vous prêt à réaliser cette expérience ?

(La lumière s'éteint, sauf les projecteurs sur Priestley et Lavoisier)

PRIESTLEY
En effet, je suis prêt... même pour peser des choses sur vos balances. Mais... il semble que nous ayons besoin d'un volontaire pour cette expérience... pour revêtir cette armure moderne. Monsieur Scheele ?

SCHEELE

Avec plaisir.

(Scheele s'approche d'un pas déterminé. Il prend le « costume de caoutchouc », peu différent des anciennes combinaisons de plongée sous-marine.

LAVOISIER
Vous ne devez pas seulement peser l'apothicaire Scheele... vous devez aussi peser son vêtement. Les mesures vont prendre quelques heures.

Les lumières s'estompent sur les hommes

Mme LAVOISIER
Mesdames... je voudrais vous montrer un croquis des expériences que Monsieur Lavoisier a réalisées.

La projection d'un dessin de Madame Lavoisier sur l'expérience apparaît sur l'écran pendant toute la conversation.

Fru POHL

Un croquis ?

Mme PRIESTLEY
Pour votre seul plaisir, Madame?

Mme LAVOISIER
Pour mémoire.

Fru POHL
Mais pourquoi des «notes» seraient-elles nécessaires?

Mme LAVOISIER
Pour montrer aux autres les preuves de ce qui a été fait, évidemment.

Mme PRIESTLEY
Ainsi que la *date* à laquelle cela a été fait, j'imagine.

Mme LAVOISIER
(Surprise pendant un moment)
Nos expériences sont vraiment complexes. Un assistant est revêtu d'un costume de caoutchouc et de taffetas de soie. Et tout ce qui sort de lui ou ce qui entre en lui est analysé. Et enregistré. Pendant plusieurs heures.

Fru POHL
Le pauvre homme!

Mme LAVOISIER
L'analyse quantitative est une maîtresse difficile.

(La lumière baisse sur les femmes et se lève sur les hommes)

LAVOISIER
(Il s'adresse à Priestley)
Je vous fais confiance... pour la marge d'erreur qui ne doit pas être supérieure à 18 grains pour 125 livres. Que trouvez-vous?

PRIESTLEY
Monsieur Scheele a perdu un peu de poids.
(Scheele est pâle, mais sourit)
Quand on tient compte de l'eau éliminée par la respiration, c'est effectivement à peu près équilibré.

(Lumière)

LAVOISIER

Rien n'est créé...

PRIESTLEY

Sauf par Dieu.

LAVOISIER

Ni perdu.

SCHEELE

Sauf par l'homme. Et surtout quand il est le sujet d'une expérience.

LAVOISIER

(Enfonçant le clou et refusant de relever la plaisanterie)
Messieurs! Ce crucial équilibre des masses *(avec emphase)...*
dégonfle la baudruche du phlogistique.

SCHEELE

Ces faits peuvent sûrement être expliqués autrement.

PRIESTLEY

En effet, Monsieur...
(Il regarde Lavoisier)
... l'expérience si laborieuse que vous nous avez demandé de
faire... a démontré... je le reconnais rapidement... *une* propriété
de votre...
(Il prend un ton sarcastique)
«air éminemment respirable»,
(Pause)
Mais, Monsieur, vous ne nous avez pas montré *comment* vous
avez préparé ce gaz.

LAVOISIER

Je savais que mon gaz se trouve dans l'air que nous respirons...
ne l'avais-je pas vu se combiner avec des métaux?... avec du
soufre?... ou avec du phosphore?

PRIESTLEY

Cela ne nous dit pas comment vous avez obtenu l'air déphlogistiqué...

LAVOISIER

Je vous en prie, cessez de l'appeler «déphlogistiqué», Dr. Priestley.
Ce nom provient d'une théorie qui appartient au *passé*.

PRIESTLEY

Pas pour moi.

SCHEELE

Ni pour moi.

LAVOISIER

Pourquoi pas un nouveau nom pour ce gaz, pour éviter cette discussion?

PRIESTLEY

L'appeler «oxygène»? Et entrer dans la tyrannie d'une nomenclature inventée par vous?

LAVOISIER
(Furieux)

Quand une nouvelle théorie est nécessaire pour la science... quand, effectivement, il doit y avoir une révolution, de nouveaux termes sont également exigés.

PRIESTLEY

Mais vous ne saviez pas quel était ce gaz!

LAVOISIER

J'ai vu qu'un gaz était nécessaire pour expliquer l'altération des métaux, la combustion et la respiration!

PRIESTLEY
(Véhément)

Mais jusqu'à ce dîner d'octobre, à Paris, où je vous ai fait part de mes observations,... vous ne connaissiez pas la nature de ce gaz...

SCHEELE
(Inhabituellement énergique)

Et jusqu'à ce jour d'octobre où vous avez reçu ma lettre qui vous disait comment préparer cet air combustible...
(Ils argumentent simultanément jusqu'à la fin de la scène)

LAVOISIER

J'avais commencé mes expériences avec le *mercurius calcinatus*...

PRIESTLEY

Seulement après avoir entendu ce que j'avais découvert...

SCHEELE
Vous ne saviez pas comment préparer ce gaz...

VOIX DU CHAMBELLAN
(Martèlement d'une canne sur le sol)
Messieurs! Messieurs! Sa Majesté est offusquée. *(Pause).* Le
mécontentement royal sera le seul jugement que vous obtiendrez
aujourd'hui!

*(Les lumières baissent puis se rallument à nouveau en
2001)*

Bengt HJALMARSSON
Ainsi Lavoisier est trop méticuleux pour vous. À cause de son
intérêt pour la mesure précise des masses, assez différent du
vôtre pour les dates exactes et les archives?

Ulla ZORN
Je parle aussi de chacun de vous...

Bengt HJALMARSSON
Vous confondez la science et les scientifiques.

Ulla ZORN

Vraiment?

Bengt HJALMARSSON
La science est un système... une quête conduite par la curiosité,
reliant constamment l'idée initiale avec la réalité... ce système
fonctionne...

Ulla ZORN
Et peu importe ce qui motive les gens qui font cela?

Bengt HJALMARSSON
Après l'antériorité, les scientifiques peuvent être motivés par la
quête d'influence... par l'argent... Aussi longtemps qu'ils publie-
ront, Ulla, quelqu'un vérifiera leur travail.

Ulla ZORN
Et combien de fois cela arrive-t-il?

Bengt HJALMARSSON
Plus la découverte est intéressante, plus le contrôle est sévère...

Ulla Zorn

Pour établir que l'autre a tort ? ce n'est pas vraiment très noble !

Bengt Hjalmarsson

Cela nous permet de rester honnêtes... la plupart du temps. Cela n'a pas d'importance de savoir qui des anges ou des démons découvrent comment fonctionne le monde. Cela n'a même pas d'importance si ce sont les uns qui attribuent tout le bénéfice aux autres...

Ulla Zorn

Vous êtes un beau cynique.

Bengt Hjalmarsson

J'ai déjà entendu cela... d'une autre femme. Mais une autre partie de moi sait également que la science n'est pas toujours liée au pouvoir... ou à l'influence... ou même au progrès. Le monde peut être un terrain de jeux, rempli de secrets. Et là, savoir pourquoi une molécule est courbée et une autre rectiligne, est plus qu'un amusement pour moi.

(Hjalmarsson imite la courbure d'une molécule avec ses mains).
(Astrid Rosenqvist entre, mais sans être tout de suite remarquée par Zorn et Hjalmarsson)

Ulla Zorn

(Légèrement ironique, mais cependant touchée)

En d'autres termes, les scientifiques peuvent aussi s'amuser... comme les historiens.

Bengt Hjalmarsson

(Se sentant surpris)

Astrid ! Qu'est-ce qui vous ramène ?

Astrid Rosenqvist

*(Sentant leur gêne mutuelle d'avoir été surpris
dans leur conversation)*

J'ai oublié mes cigarettes.

(Elle montre un paquet de cigarettes posé sur la table près de son fauteuil)

Bengt Hjalmarsson

Bien... à bientôt toutes les deux... il faut que je retourne au labo...
(Il sort)

Astrid Rosenqvist

Bon, Ulla... qu'en pensez-vous maintenant ?

Ulla Zorn
(Énervée)

Que voulez-vous dire ?

Astrid Rosenqvist

De Bengt ?

Ulla Zorn

Comme vous l'avez dit précédemment... un homme intéressant.

Astrid Rosenqvist

Je pense avoir dit « compliqué ».
(Elle regarde pensivement Ulla Zorn)
Mais je suis d'accord... il est aussi intéressant... encore mainte-
nant.

Ulla Zorn

Par rapport à quand ?

Astrid Rosenqvist

Je vais vous raconter une histoire à son sujet. Vous savez qu'il a
été à l'Institut Pasteur. Il y a rencontré une jeune biologiste française et l'a ramenée avec lui en Suède.

Ulla Zorn
(Intensément curieuse)

Voilà qui est intéressant !

Astrid Rosenqvist

Ils vécurent ensemble, mais elle n'a pas pu supporter nos
longues nuits d'hiver. Alors elle est retournée en France. Depuis
cette époque, Bengt n'a pas quitté son laboratoire. Et la nuit, il
joue du violoncelle.

Ulla Zorn

Ainsi, Bengt vous plaît ?

Astrid Rosenqvist

À vous aussi... n'est-ce pas ?

Les lumières diminuent

FIN DE LA SCÈNE 8

SCÈNE 9

Stockholm, 1777. Pendant la soirée suivant la confrontation de Stockholm de la scène 8. Pièce nue, très sombre, trois couples sur la scène (dans la partie supérieure gauche, au centre et en bas, et dans la partie supérieure droite), à peine visibles.

> *(Les projecteurs sont braqués sur le couple Priestley (dans la partie supérieure droite). Ils murmurent.*

Mme PRIESTLEY

Pourquoi l'affronter ?

PRIESTLEY

Je dois le faire.

Mme PRIESTLEY

Pour prouver que vous lui en avez parlé ?

PRIESTLEY

Pour montrer que j'étais le premier.

Mme PRIESTLEY

Et Scheele ?

PRIESTLEY

J'ai confiance en lui.

Mme PRIESTLEY

Il revendique la priorité.

PRIESTLEY

Il n'a rien publié.

Mme PRIESTLEY

Cependant n'était-il pas le premier ?

PRIESTLEY

Peut-être.

Mme PRIESTLEY

Ce qui ferait de vous le second.

PRIESTLEY

Et Lavoisier serait le troisième.

Mme PRIESTLEY

Est-ce là l'essentiel? qu'il soit le dernier?

PRIESTLEY

En effet.

Mme PRIESTLEY

Pourquoi?

PRIESTLEY

Le monde doit-il plier devant lui? *(Pause)* Alors que je l'ai devancé?

Mme PRIESTLEY

Si vous étiez le Roi Gustave,

PRIESTLEY

À Dieu ne plaise!

Mme PRIESTLEY
(Elle insiste)

Attendez... si vous étiez le Roi... qui choisiriez-vous?

PRIESTLEY

Je me demanderai... qui le monde choisirait-il?

Mme PRIESTLEY

Joseph! Répondez-moi... en tant que mari... pas comme un habile pasteur.

PRIESTLEY

Vous avez toujours voulu des réponses définitives, noir sur blanc.

Mme PRIESTLEY

La question le mérite.

PRIESTLEY
Mériter quelque chose ne conduit pas toujours à l'obtenir.

Mme PRIESTLEY
Vous n'êtes pas en chaire.

PRIESTLEY
(Fatigué)
J'ai publié le premier... ce qui fait de moi le premier aux yeux du monde.

Mme PRIESTLEY
Je veux parler du cœur... pas des yeux.

PRIESTLEY
Le monde n'a pas de cœur.

Mme PRIESTLEY
Mais vous, vous en avez... vous me l'avez souvent ouvert.

PRIESTLEY
Vous êtes une femme intelligente, Mary.

Mme PRIESTLEY
Non... c'est votre épouse aimante qui interroge.

PRIESTLEY
Avant que nous venions à Stockholm, j'étais convaincu... dans mon cœur et dans mon esprit... d'être le premier. Mais maintenant?

Mme PRIESTLEY
Je comprends, Joseph.

> *Les projecteurs se braquent sur Fru Pohl et sur Scheele (partie supérieure gauche de la scène). Ils murmurent.*

Fru POHL
Comment le convaincrez-vous?

SCHEELE
J'ai une copie.

Fru POHL
Il peut déclarer que vous ne l'avez jamais envoyée.

SCHEELE

Bergmann l'a vue.

Fru POHL

J'oubliais.

SCHEELE

Il s'en souviendra.

Fru POHL

Il y a Madame Lavoisier,

SCHEELE

Et alors?

Fru POHL

Je pense qu'elle sait.

SCHEELE

Vous en êtes sure?

Fru POHL

Je l'ai senti.

SCHEELE

On ne cache pas grand chose dans un sauna.

Fru POHL

Mais en a-t-elle parlé à son mari?

SCHEELE

L'auriez-vous fait?

Fru POHL
(Elle hésite)

Oui.

SCHEELE

Pourquoi?

Fru POHL

Parce que... cela aurait été juste.

SCHEELE

Vous êtes une femme bonne... Sara Margaretha.

Fru POHL

Vous m'avez déjà dit cela une fois.

SCHEELE

Cela mérite d'être répété.

Fru POHL

Madame Lavoisier...

SCHEELE

Je n'ai pas confiance en elle.

Fru POHL

Mais lui?

(Les projecteurs se braquent sur le couple Lavoisier au centre de la scène. Ils murmurent).

Mme LAVOISIER

Vous les rencontrerez tous les deux en même temps?

LAVOISIER

Sa Majesté a insisté.

Mme LAVOISIER

Mais ce dîner à Paris avec Priestley... cela m'inquiète.

LAVOISIER

Moi aussi. Il y avait des témoins.

Mme LAVOISIER

Et la lettre?

LAVOISIER

Quelle lettre?

Mme LAVOISIER

Celle de Scheele. Je l'ai vue...

LAVOISIER
(Pris au dépourvu)

Vous l'avez *vue*?

Mme LAVOISIER

Mais je ne pouvais pas vous en parler.

LAVOISIER
(Furieux)
Alors pourquoi le faire maintenant?

Mme LAVOISIER
Je me sens coupable.

LAVOISIER
(Encore plus en colère)
Et il faut que je partage votre culpabilité?

Mme LAVOISIER
Vous êtes mon mari.

LAVOISIER
Où est cette lettre?

Mme LAVOISIER
Cachée.

LAVOISIER
(Abasourdi)
Vous ne l'avez pas détruite?

Mme LAVOISIER
Vous avez l'air si fâché. Pourquoi?

LAVOISIER
Je ne souhaite pas en discuter.

Mme LAVOISIER
Vous ne pouvez pas le dire à votre femme?

LAVOISIER
Je ne peux le dire à personne.

Mme LAVOISIER
Mais pourquoi?

LAVOISIER
Dès que j'aurai parlé, j'aurai à démentir... ou à condamner.

Mme LAVOISIER
Donc, vous désapprouvez ce que j'ai fait?

LAVOISIER

Vous êtes encore jeune.

Mme LAVOISIER

Pourquoi blâmer la jeunesse?

LAVOISIER

La subtilité ne vient qu'avec la maturité.

Mme LAVOISIER

Vous m'avez appris la chimie... maintenant apprenez-moi la subtilité.

LAVOISIER

La subtilité ne peut être enseignée.

Mme LAVOISIER

Ni expliquée?

LAVOISIER

Si j'avais su qu'il avait choisi une lettre personnelle, et non un article scientifique, pour établir son antériorité, j'aurais souhaité cette lettre loin de moi.

Mme LAVOISIER

Bien sûr! c'est pourquoi,

LAVOISIER

Attendez! Mais je n'aurais pas souhaité *savoir* comment elle avait disparu.

Mme LAVOISIER

Si c'est de la subtilité... je ne la comprends pas.

LAVOISIER

Une pensée qui s'égare devient une iniquité quand elle est exprimée.

Mme LAVOISIER

Ce doit être votre côté juriste... un aspect que je n'ai jamais aimé.

LAVOISIER

La loi n'est jamais aimable... particulièrement quand elle se préoccupe de culpabilité.

Mme Lavoisier

Je suis la seule coupable... je l'ai avoué... et seulement à vous.

Lavoisier

Discrédité par la révélation de son acte, comment pourrais-je approuver la conduite de mon épouse?

Mme Lavoisier

Même si j'ai fait cela par amour... pour vous?

Lavoisier

Surtout si cela a été fait par amour... de ce fait je dois refuser aussi votre aide!

La lumière s'éteint. (Les femmes sortent)
Les projecteurs se braquent sur Scheele, Lavoisier et Priestley.

Scheele

«Répondre à la question: Qui a préparé l'air combustible le premier?» C'est le commandement de Sa Majesté.

Lavoisier

Est-ce la vraie question?

Priestley

Évidemment! Et vous, Monsieur... vous n'avez pas préparé ce gaz le premier... vous l'avez vous-même reconnu hier.

Lavoisier

J'ai été le premier à comprendre...

Scheele

La compréhension ne vient qu'après la préparation!

Priestley

Mais la preuve de cette préparation doit être partagée!

Scheele

Mais je l'ai partagée! Voici la lettre...
      (Il offre la lettre à Lavoisier qui ne la prend pas)
qui vous a été remise voilà près de trois ans. Et elle décrit un travail effectué bien avant.

LAVOISIER
(Agressif, mais pesant soigneusement ses mots)
Je n'ai jamais entendu parler de cette lettre avant aujourd'hui...

SCHEELE
Elle décrit la préparation de l'air combustible...

LAVOISIER
Aucune lettre de ce genre ne m'est parvenue.

SCHEELE
Un protocole que vous avez reproduit devant nous tous, aujourd'hui.

LAVOISIER
Mais certainement pas des années auparavant comme vous le prétendez maintenant.
(Impatient)
Quel est le but réel de cette réunion?

PRIESTLEY
L'antériorité! En août 1774, j'ai préparé l'air déphlogistiqué... votre «oxygène»...

LAVOISIER
À cette date vous pensiez avoir trouvé l'air nitreux, Monsieur...

PRIESTLEY
Les premiers pas d'une découverte sont souvent hésitants.

LAVOISIER
Certains d'entre nous sont plus méticuleux que d'autres.

PRIESTLEY
En octobre de cette année-là, j'ai rencontré les meilleurs chimistes de France... *(Pause)*... vous y compris, Monsieur.

LAVOISIER
En effet, vous avez dîné chez moi à Paris.

PRIESTLEY
J'ai exposé aux personnes présentes...

LAVOISIER
Avec votre français imparfait...

PRIESTLEY

... que Madame Lavoisier a très bien compris... ma découverte.

LAVOISIER

Votre rapport... manquait de clarté. Vos méthodes étaient imprécises...

PRIESTLEY

Monsieur, vos propos sont indignes.

LAVOISIER

Au mieux, Docteur Priestley, vous nous avez donné les plus petits indices...

PRIESTLEY

Je pensais que les détails étaient importants pour vous, Monsieur.

LAVOISIER

Seulement s'ils sont significatifs.

PRIESTLEY

Plus d'une fois, vous avez cité mes expériences sur la chimie pneumatique,

LAVOISIER

Est-ce un motif pour se plaindre ?

PRIESTLEY

Seulement pour les déprécier ensuite... sinon pour les anéantir.

LAVOISIER

Comment ai-je fait cela ?

PRIESTLEY

Vous écrivez
      (Lourd sarcasme)

« *Nous* avons fait ceci... et *nous* avons trouvé cela. » Votre royal « nous », Monsieur, fait disparaître *ma* contribution... pouf... de manière impalpable ! *(Pause)*. Quand je publie, j'écris « *J'ai* fait... *j'ai* trouvé... *j'ai* observé ». Je ne me cache pas derrière un « *nous* ».

LAVOISIER

Assez de généralités... *(En aparté)...* ou de platitudes. *(À voix haute).* Et maintenant?

PRIESTLEY

La question, Monsieur! La question! Qui a préparé ce gaz le premier?

SCHEELE
(Beaucoup plus insistant qu'auparavant, à l'auditoire)
C'est moi. Et les générations futures l'affirmeront.

PRIESTLEY
(À l'auditoire)
Grâce à Dieu, je l'ai aussi préparé... et j'ai été le premier à le publier!

LAVOISIER
(À l'auditoire)
Ils n'ont pas compris ce qu'ils avaient fait... que l'oxygène nous est primordial.

(Les trois hommes commencent d'argumenter simultané-ment à voix haute de telle sorte que les mots deviennent incompréhensibles)

En coulisse

VOIX DU CHAMBELLAN DE LA COUR
Trois savants? Et vous ne pouvez vous mettre d'accord? Qu'il en soit ainsi. *(Pause).* Le Roi ne vous attribuera aucune récompense!

FIN DE LA SCÈNE 9

INTERMÈDE 4

(Immédiatement après la scène 9)
(Stockholm, 1777, dans le sauna)

Fru POHL
Ainsi nous nous rencontrons encore une fois avant votre départ.

Mme PRIESTLEY
(Jouant avec une branche de bouleau qu'elle tient dans la main)
Peut-être le dernier sauna de ma vie.

Fru POHL
Madame Lavoisier a décliné l'invitation. Peut-être aujourd'hui a-t-elle quelque chose à cacher.

Mme PRIESTLEY
Le jugement de Stockholm ne lui a pas plu. Cependant, qui se soucie de savoir si le Roi prend une décision... ou n'en prend pas?

Fru POHL
Herr Scheele et moi nous nous en soucions. C'est notre Roi.

Mme PRIESTLEY
Les récompenses pour les découvertes ne sont pas de ce monde.

Fru POHL
Voilà bien les mots de l'épouse d'un pasteur. Mais l'apothicaire Scheele recherche la reconnaissance de ses pairs.

Mme PRIESTLEY
Il a déjà leur estime.

Fru POHL
Dans son cheminement paisible, il souhaite davantage. Et... nous avons besoin de nouveaux locaux pour notre pharmacie... La récompense royale n'était pas qu'une médaille.

Mme PRIESTLEY
Mais vos amis, sûrement...

Fru POHL
Le feront-ils? *(Elle change de conversation)*. Nos maris, qui ont
réellement préparé l'air combustible...

Mme PRIESTLEY
(Frappant légèrement Fru Pohl avec la branche de bouleau)
... l'air déphlogistiqué, vous voulez dire?

Fru POHL
(Elle rit)
Vous voyez? Nous sommes exactement comme eux. Appelez-le
comme vous voulez...

Mme PRIESTLEY
Même comme le Français, « oxygène » ?

Fru POHL
Oui, même cela. Ce qui est important... c'est qu'ils n'ont pas pu
décider qui l'a préparé le premier.

Mme PRIESTLEY
Un jour peut-être?

Fru POHL
J'en doute. Ils ont manqué leur chance.

Mme PRIESTLEY
Ainsi cela restera un mystère?

Fru POHL
Oh non! Le monde aime ce qui est simple. D'autres que nous
déciderons.

FIN DE L'INTERMÈDE

SCÈNE 10

Stockholm, 2001 ; Académie Royale des Sciences, deux semaines après la scène 8. Ulla Zorn traficote le système de projection assisté par ordinateur pour lequel il n'y a aucune notice.

Astrid ROSENQVIST

L'heure est venue pour une proposition officielle *(Elle lance un regard circulaire)*. Bengt... voulez-vous commencer ?

Bengt HJALMARSSON
(Sur un ton officiel exagéré)
Je propose que l'Académie Royale Suédoise des Sciences choisisse Antoine Laurent Lavoisier, le concepteur de la révolution chimique, comme premier lauréat du rétro-Nobel de Chimie.
(Il reprend un ton normal)
J'espère que c'est suffisamment officiel.

Sune KALLSTENIUS

La mienne est moins officielle, mais plus directe. Je propose Carl Wilhelm Scheele pour avoir été le premier à découvrir l'oxygène. *(Pause).* Un homme humble, également, qui n'a cédé ni à la médiatisation ni à l'autosatisfaction.

Ulf SVANHOLM

Nous avons ici un exemple clair de découverte simultanée. Que représentent quelques mois pour des compétiteurs amicaux ? Ainsi, laissez-moi aller droit au but : Je propose Scheele *et* Priestley. Point ! Quant à Lavoisier, il peut mériter le rétro-Nobel... mais pas pour la découverte de l'oxygène.

Bengt HJALMARSSON

Je l'ai proposé comme le Père de la Révolution Chimique... qui est apparue comme une conséquence de la découverte de l'oxygène ! Les écarts moraux de Lavoisier sont patents, oui... mais il a apporté le vrai changement en montrant aux chimistes qu'il faut tenir compte de l'équilibre de la nature.

Ulf SVANHOLM
Et ignorer les défaillances morales ?

Bengt HJALMARSSON
Ceci s'est produit plus d'une fois pour les Prix Nobel réguliers. La
haute ou la petite moralité ne peut être mesurée sur la même
échelle que la bonne ou la mauvaise science.

Ulf SVANHOLM
Mais alors quel précédent pour le premier rétro-Nobel !

Astrid ROSENQVIST
S'il vous plaît ! Aujourd'hui nous nous occupons des nominations... pas des raisons conduisant à ces nominations.

Bengt HJALMARSSON
Et qui favorisez-vous, ô Présidente ? Jusqu'à présent, vous vous
êtes comportée comme un sphinx.

Astrid ROSENQVIST
On peut envisager sept combinaisons de trois noms : un seul
des trois... trois paires... et tous les trois ensemble. Laissez-
moi vous présenter la solution la plus séduisante... récompenser les trois conjointement pour le premier rétro-Nobel.
Mais en les citant pour la révolution chimique plutôt que pour
la découverte de l'oxygène.

Sune KALLSTENIUS
Y compris Lavoisier ? qui n'a pas su reconnaître le travail qui lui
a été explicitement rapporté par Priestley... et qui lui avait été
révélé dans la lettre de Scheele ?

Ulla ZORN
Que Lavoisier n'a jamais lue.

Sune KALLSTENIUS
Comment ? Mademoiselle Zorn... qu'avez-vous dit ?

Ulla ZORN
Votre travail m'a intriguée... car il croise continuellement la vie
des femmes dont il est question dans ma thèse. C'est pourquoi
je viens de faire un voyage rapide à l'Université Cornell, à Ithaca,
dans l'État de New York.

Bengt HJALMARSSON
Je sais tout sur les archives Lavoisier à Cornell. Qu'avez-vous
trouvé là-bas?

Ulla ZORN
(Calmement, mais triomphante)
Un livre.

Bengt HJALMARSSON
(Sarcastique)
Quelle surprise! Trouver un livre... dans une bibliothèque!

Ulla ZORN
Un livre intitulé «Histoire des Théâtres»

Sune KALLSTENIUS
Et en quoi un tel ouvrage pourrait-il nous intéresser?

Ulla ZORN
Laissez-moi vous montrer quelques diapositives.
(Elle enfonce quelques touches de son ordinateur portable)
L'objet que j'ai trouvé là-bas n'a que l'apparence d'un livre.

(La Diapositive apparaît sur l'écran, la première illustration de la trousse de couture, fermée, dans les mains d'une femme provoque la consternation parmi les membres du Comité à l'exception d'Astrid qui sourit)

Voici le «nécessaire» de Madame Lavoisier... un coffret de voyage
présenté comme un livre. À ma connaissance, les historiens ne
l'avaient pas encore mentionné. Mais je l'ai vu dans le catalogue
de 1956 «Souvenir de Lavoisier», d'une vente publique tenue à
Paris. J'ai ensuite découvert que l'Université Cornell l'avait acheté
en 1963. *(Pause)*. J'ai donc décidé d'aller y jeter un coup d'œil.

Ulf SVANHOLM
Une intuition?

Ulla ZORN
(D'un ton brusque)
Pourquoi ne pas appeler cela l'approche pragmatique d'une his-
torienne? La voilà ouverte.
Regardez tous les compartiments.
*(Elle utilise le pointeur laser pour identifier les différents
éléments)*

... du fil, des aiguilles, des peignes, des plumes, ainsi que des bouteilles de parfum et d'encres. Et même une règle, enchâssée dans une fente comme la lame d'un couteau suisse.

Ulf SVANHOLM

C'est trop fort!

Ulla ZORN

Quand vous retirez le plateau, il y a un espace pour la papeterie. J'ai vérifié les filigranes. En fait, ce papier est postérieur à l'époque de Madame Lavoisier... les héritiers ont dû utiliser le «nécessaire». Le miroir brisé sur le couvercle de la boîte m'a intriguée... Il y avait un espace derrière le miroir. Nous avons un peu fouillé pour voir s'il y avait quelque chose. Le conservateur de Cornell était aussi enthousiaste que moi. Et nous avons trouvé un papier. *Celui-ci.*

    (Elle agite le papier en l'air)

Sune KALLSTENIUS

Cessez de nous titiller! De quoi s'agit-il?

Ulla ZORN

D'une lettre... c'est une photocopie, bien sûr... d'une lettre qui n'a apparemment jamais été envoyée. *(Pause).* De Madame Lavoisier... à son mari.

Ulf SVANHOLM

Et comment savez-vous qu'elle est de Madame Lavoisier?

Ulla ZORN

J'ai demandé à un expert de Cornell de l'authentifier.

Bengt HJALMARSSON
(Impatiemment)

Que dit-elle?

Ulla ZORN

Elle écrit...

    (À ce stade les lumières diminuent sur le comité figé, à l'exception d'Ulla Zorn. La lumière se fait sur Mme Lavoisier, dans la partie supérieure de la scène).

Mme Lavoisier

Mon cher époux. En ces temps difficiles, avec cette séparation qui nous est imposée par la Révolution, je me penche sur le passé. Je pense et je repense encore à la lettre de l'apothicaire Scheele datée de 1774...

Ulla Zorn

Apparemment elle a intercepté cette fameuse lettre de Scheele... souvenez-vous qu'elle s'est beaucoup occupée de la correspondance de Lavoisier.

Mme Lavoisier

Maintenant que le génie et la justesse de vos travaux ont convaincu le monde sur le rôle central de l'oxygène en chimie, maintenant que le phlogistique repose dans le cimetière des théories abandonnées... je ne parlerai pas de ces irréductibles comme le Dr. Priestley qui continue à la prêcher. *(Pause)*. Je vous demande maintenant de me pardonner. Je ne pouvais pas vous montrer la lettre de l'apothicaire Scheele, mon cher époux. Il vous aurait coupé l'herbe sous le pied, vous qui étiez si proche du but... Et je vous ai dit que je me suis sentie incapable de la détruire. Notre antériorité reposait sur le fait que je l'avais cachée.

(La lumière faiblit sur Mme Lavoisier)

Ulla Zorn

Notez ! Elle n'a pas dit « *votre* antériorité »... mais « *notre* ». Elle a rangé la lettre sans la lui montrer. Ou plutôt elle l'a mal rangée, ce qui pourrait être une des raisons pour laquelle elle n'a refait surface que plus de 100 ans après, quand Grimaux l'a trouvée.

Bengt Hjalmarsson

Et vous avez attendu jusqu'à maintenant pour nous le dire ?

Astrid Rosenqvist

Elle me l'avait dit...

Bengt Hjalmarsson
(Outragé)

Et pourquoi pas à moi... ou au reste d'entre nous ?

Astrid Rosenqvist

J'ai pensé qu'Ulla avait le droit d'annoncer sa découverte elle-même. S'il y a quelqu'un à blâmer... blâmez-moi.

Bengt HJALMARSSON

Cette question ne s'adressait pas à vous!

(Il fait face à Ulla Zorn)

Pourquoi? Pour nous montrer combien vous êtes futée? *(Radouci).* J'aurai dû vous dire que... à titre personnel... vous auriez pu avoir la courtoisie de m'informer le premier... n'étais-je pas en charge de Lavoisier?

Ulla ZORN

Je n'avais pas l'intention de piétiner vos plates-bandes.

Bengt HJALMARSSON

C'est la goutte qui fait déborder le vase.

Ulla ZORN

J'avais l'intention de vous aider...

Bengt HJALMARSSON

(Sur un ton plus chaud)

Mais pourquoi cette lettre était-elle dans ce *nécessaire*? Pourquoi n'a-t-elle jamais été envoyée?

Ulla ZORN

Je me suis posé la même question.

Bengt HJALMARSSON

Et alors?

Ulla ZORN

Je ne vous ai pas encore donné la date de la lettre de Madame Lavoisier. C'était juste avant Noël, en 1793, quand Lavoisier était en prison, quelques mois avant son exécution.

Bengt HJALMARSSON

(doucement)

Dix-neuf ans après la réception de la lettre de Scheele.

Ulla ZORN

Manifestement, elle a continué de ressasser cette histoire. C'est pendant les pires moments, avec son mari emprisonné... qu'elle lui a écrit cette lettre... repensant à ce qu'elle avait fait des années auparavant. Mais l'ayant écrite, c'eût été imprudent d'envoyer une telle lettre.

(Ulla Zorn se rassied. Le Comité est pensif)

Bengt HJALMARSSON
Une lettre qu'elle ne pouvait pas envoyer... et une autre qu'elle
ne pouvait pas brûler.

FIN DE LA SCÈNE 10

INTERMÈDE 5

(Après le Scène 10)
(Obscurité funèbre, à l'exception d'un projecteur sur Madame Lavoisier, à l'extrême gauche en bas de la scène ; elle écrit une lettre avec une plume d'oie. Lavoisier est en bas de la scène à l'extrême droite. Chacun d'eux soliloque)

Mme Lavoisier
Mon époux... vous reconnûtes le talent d'une jeune fille... et, comme mon père... vous ne l'étouffâtes point.

Lavoisier
Ma chère épouse... dans la solitude de ma cellule... je pense à notre vie de couple.

Mme Lavoisier
Cela ne vous ennuyait pas de m'entendre jouer de la harpe pour vous dans la maison de mon père...

Lavoisier
Cela ne vous ennuyait pas de m'entendre parler de géologie... ou de chimie...

Mme Lavoisier
Lorsque nous jouâmes au «Jeu de la Bonne Fortune»... je me demandais où la flèche s'arrêterait. Sur quel mot? «Sagesse»...? «Couvent»...? «Mariage»?

Lavoisier
J'ai caché le fait que vous m'attiriez comme un aimant... ce pourquoi je déplaçais la flèche vers *(Pause)*...

Mme Lavoisier
Ou peut-être...

LAVOISIER et Mme LAVOISIER
(À l'unisson)

«Amour»...

LAVOISIER

... un mot que je n'avais jamais prononcé auparavant. Et puis je vous ai épousée...

Mme LAVOISIER

Mais...

LAVOISIER

... pour devenir ma partenaire de confiance...

Mme LAVOISIER

... je ne vous ai plus jamais entendu dire «amour» à nouveau.

LAVOISIER

Je n'avais pas de temps à perdre en d'inutiles loisirs... même pour des enfants. Je pensais que vous compreniez...

Mme LAVOISIER

La Science et le Service Public furent votre *métier. (Pause).* Cependant...

LAVOISIER

J'ai toujours pensé que vous étiez satisfaite, cependant pour vous...

Mme LAVOISIER

... quelque chose manquait...

LAVOISIER

... il y eut d'autres hommes.

Mme LAVOISIER

Le mot que votre flèche m'indiqua dans la maison de mon père...

LAVOISIER

Amour? *(Pause).*

Mme LAVOISIER

... c'est ce qui me manquait.

LAVOISIER

Non, je vous ai offert davantage. Une vraie collaboration. *(Pause).*
Aucun autre homme ne pouvait faire de même...

Mme LAVOISIER

Pierre Du Pont m'a offert l'amour... pendant dix-sept ans. Mais
peu importe... *(Pause).* Je n'osais pas vous expliquer...

LAVOISIER

C'est en prison, maintenant, que je comprends...

Mme LAVOISIER

... ce que j'avais fait.

LAVOISIER

... ce que j'ai négligé.

Mme LAVOISIER
(Elle prends une feuille de papier à lettres)

Maintenant je dois écrire cela.

LAVOISIER

... pour me rendre compte :

Mme LAVOISIER

Avant qu'il ne soit trop tard.

LAVOISIER

Que l'ambition sans l'amour est glaciale.

Mme LAVOISIER

Je n'ai jamais aimé un autre homme.

RIDEAU

SCÈNE 11

Stockhlom, 2001 ; Salle du Comité. Svanholm s'assied, morose, devant la table. Kallstenius entre.

Sune KALLSTENIUS

C'est un assez bon article que vous avez publié il y a quelque temps. Celui sur les polycarbonates.

Ulf SVANHOLM
(Méfiant)

Assez bon ?

Sune KALLSTENIUS

OK,... *sacrément* bon.

Ulf SVANHOLM

C'est mieux. Mais pourquoi ce compliment ?

Sune KALLSTENIUS

Ce n'était pas un compliment de ma part... c'est un fait objectif.

Ulf SVANHOLM
(Content)

Vraiment ? *(pause).* Mais pourquoi me dire cela maintenant ?

Sune KALLSTENIUS

Astrid avait raison... « Enterrons la hache de guerre »

Ulf SVANHOLM

Humm !

Sune KALLSTENIUS

Rien que « Humm » ? Ulf,... votre rancune vous entraîne trop loin.

Ulf SVANHOLM

Moi ?

Sune KALLSTENIUS

D'accord,... d'accord. *Nous*.

Ulf SVANHOLM

C'est mieux!

Sune KALLSTENIUS

Vous m'avez toujours reproché d'avoir gardé cet article par-
devers moi.

Ulf SVANHOLM

C'est ce que vous avez fait! Pendant 6 mois!

Sune KALLSTENIUS

Ne recommençons pas toute cette histoire à nouveau!

Ulf SVANHOLM

C'était cependant de la recherche de premier ordre!

Sune KALLSTENIUS

Mon travail de réviseur consistait à demander des preuves.
Même pour un travail de premier ordre...

Ulf SVANHOLM

Ces «améliorations», comme vous disiez, ont permis à vos amis
de Stanford de me battre au poteau.

Sune KALLSTENIUS

Je ne savais rien du travail de Stanford.
    (Conciliant)
Ulf, je ne leur ai rien dit. Vous ne pouvez pas continuer à m'ac-
cuser.

*(Svanholm, la mine renfrognée, se lève et commence à faire
les cent pas du haut en bas de la scène. Il remarque soudain les masques sur le mur)*

Ulf SVANHOLM
    (Il prend un masque sur le mur)
Regardez cela! Les aviez-vous vus auparavant?

Sune KALLSTENIUS

Des masques. Ils étaient là tout le temps.

Ulf SVANHOLM
(Il prend l'autre)

Deux masques.

Sune KALLSTENIUS

Essayons-les!

Ulf SVANHOLM

C'est ridicule!

Sune KALLSTENIUS

Qui nous verra?

Ulf SVANHOLM

Dans ce Comité,... dans le milieu scientifique...

Sune KALLSTENIUS

Oui?

Ulf SVANHOLM

La plupart portent des masques, alors...

Sune KALLSTENIUS

La «Mascarade» des scientifiques?

Ulf SVANHOLM

Exactement! En portant des masques nous pouvons prétendre être impartiaux.

Sune KALLSTENIUS

Des *gentlemen* objectifs et érudits, pas vrai?

Ulf SVANHOLM

Oui? Mais je ne suis pas comme ça.

Sune KALLSTENIUS
(Badinant)

Vous n'êtes pas objectif... ou vous n'êtes pas un *gentleman*? (Il rit). Ou ni l'un ni l'autre?

Ulf SVANHOLM

Avec un masque, j'aurais probablement reconnu que ces types de Stanford ont fait leur recherche eux-mêmes. Mais sans masque, je hurle: «Ils ont volé mon catalyseur!». Et *(Grimace)* j'ajoute que vous les avez aidés.

Sune KALLSTENIUS

Mon catalyseur? On dirait l'un d'entre eux.

Ulf SVANHOLM

Eux?

Sune KALLSTENIUS

Mon air combustible... *Mon* air déphlogistiqué... *Mon* oxygène...

Ulf SVANHOLM
(Il joue avec les masques)

Dans ce cas, mettons-les. Et prétendons que nous venons de découvrir l'oxygène.

Sune KALLSTENIUS

Je prendrai celui avec le soleil et le feu.

Ulf SVANHOLM

Et vous me laissez celui avec la rouille et les cendres?

(Ils mettent les masques et simulent un assaut d'escrime. Astrid Rosenqvist entre).

Astrid ROSENQVIST

Mais que diable faites-vous donc?
(Les deux hommes, gênés, ôtent leurs masques)

Ulf SVANHOLM

Du théâtre.

Astrid ROSENQVIST

On en apprend tous les jours! Je pense que vous vous affrontiez,... comme d'habitude.

Sune KALLSTENIUS

Il revenait à la raison.

Ulf SVANHOLM

Et lui, pour changer, appréciait un travail que j'avais fait.

Astrid ROSENQVIST

Si vous avez réellement fait cela, je n'ai pas besoin de savoir pourquoi. Mais accordez-moi une faveur tous les deux: mettez-vous d'accord sur un candidat pour le rétro-Nobel. Cela me simplifiera la vie.

Sune KALLSTENIUS

Vous n'essayez pas de nous mener en bateau par hasard... n'est-ce pas?

Astrid ROSENQVIST

Moi... une innocente théoricienne de la chimie?

Sune KALLSTENIUS

Oui... vous. Vous faites du forcing pour obtenir un consensus, alors que nous devrions nous en tenir à un choix précis: un seul gagnant. Prenez le Nobel de littérature. Il n'est jamais partagé!

Astrid ROSENQVIST

Mais c'est grotesque! cela revient à comparer des melons avec des... *(Elle cherche le mot exact et finit par le trouver)...* cacahuètes!

Ulf SVANHOLM

Je suppose que la littérature est la cacahuète.

Sune KALLSTENIUS
(Exaspéré)

Je suis on ne peut plus sérieux.

Ulf SVANHOLM

Mais moi aussi. Vous semblez ignorer deux différences fondamentales entre la littérature et la science. Les gens de lettres ne se préoccupent pas de priorité... et s'ils avaient un Rétro-Nobel à distribuer, il serait attribué à Shakespeare, ou à Dante ou à Cervantès... ou à un autre... mais il ne serait pas partagé. Si Shakespeare n'avait pas vécu, «Le Roi Lear» n'aurait jamais été écrit. Sans Dante, il n'y aurait jamais eu de «Divine Comédie». Sans Cervantès...

Sune KALLSTENIUS

Ulf, où voulez-vous en venir?

Ulf SVANHOLM

C'est très simple! Prenez l'oxygène. Si Scheele ou Priestley ou Lavoisier n'avait jamais vécu, quelqu'un d'autre aurait découvert l'oxygène. Il en est de même pour Newton avec la gravité, pour Mendel avec la génétique...

Sune KALLSTENIUS

Alors pourquoi donner un Nobel à tout prix à votre carré de melons ? S'il devait de toute façon en être ainsi, pourquoi se préoccuper de savoir qui a été le premier ?

Ulf SVANHOLM

Parce que la science est faite par des scientifiques... pas par des machines... et les scientifiques ont soif de notoriété.

Astrid ROSENQVIST

La science est faite par des êtres humains... les êtres humains ont le sens de la compétition... les scientifiques l'ont encore plus... et ils veulent être récompensés pour avoir été les premiers.

Sune KALLSTENIUS

Évidemment ! mais nous ne sommes pas encore d'accord sur ce que signifie «être le premier» : s'agit-il de la première découverte ?... de la première publication ?... ou de la complète compréhension ?

(Bengt Hjalmarsson et Ulla Zorn vont et viennent pendant l'échange précédent, sans être remarqués par les autres jusqu'à ce qu'ils parlent)

Bengt HJALMARSSON
(Ironique)

Voyons, Christophe Colomb savait-il vers où il naviguait ?

Ulf SVANHOLM
(Il claque des doigts vers Hjalmarsson)

Qui s'en soucie ? Nos vikings y sont allés les premiers...

Ulla ZORN

Pour trouver des peuples qui étaient arrivés des milliers d'années auparavant...

FIN DE LA SCÈNE 11

SCÈNE 12

Stockhlom, 2001; Académie Royale des Sciences, quelques minutes après la scène 11. Astrid Rosenqvist s'assied sur le bord de la table, une jambe découverte jusqu'au bas de la cuisse.

Bengt HJALMARSSON
(Montrant sa jupe fendue)
Vous êtes encore une sacrée belle femme, Astrid...

Astrid ROSENQVIST
J'ai mis cette jupe pour vous.

Bengt HJALMARSSON
Bon... ça a marché... vous m'avez eu.

Astrid ROSENQVIST
C'est exactement ce que vous m'avez dit la première fois... on retourne en arrière.

Bengt HJALMARSSON
La chimie, c'était bien... alors.

Astrid ROSENQVIST
Alors...
(Pause, ils sont tous les deux embarrassés)
Comme pour les Lavoisier quand ils étaient jeunes...

Bengt HJALMARSSON
Mais comment ont-ils fait pour ne pas avoir d'enfants?

Astrid ROSENQVIST
(Elle rit)
Pas comme nous!

Bengt HJALMARSSON
Alors quel était leur secret?

Astrid ROSENQVIST
Peut-être l'un des deux était-il stérile?

Bengt HJALMARSSON
Ou... *(il ne finit pas sa phrase)*

Astrid ROSENQVIST
Continuez... finissez votre phrase.

Bengt HJALMARSSON
Peut-être le mariage n'a-t-il jamais été consommé...

Astrid ROSENQVIST
Mais vous venez à l'instant de nous lire une bien jolie lettre d'amour.

Bengt HJALMARSSON
C'était celle de Du Pont.

Astrid ROSENQVIST
Peut-être jouait-il aussi du violoncelle... le violoncelle et la chimie-physique... une combinaison irrésistible.

Bengt HJALMARSSON
Le violoncelle, c'était pour le plaisir... le vôtre et le mien. Quelque chose d'autre nous est arrivé...

Astrid ROSENQVIST
Un homme ambitieux a toujours des problèmes,

Bengt HJALMARSSON
Avec une femme ambitieuse.

Astrid ROSENQVIST
Qu'y-a-t-il de nouveau sous le soleil? *(Pause)*. Nous sommes intelligents. *(Elle accélère son débit)*. Nous voulons même faire quelque chose,
    (Elle dessine des guillemets dans l'air)
« pour le profit de l'humanité »

Bengt HJALMARSSON
Et nous voulons que le monde le sache.

Astrid ROSENQVIST

Oui. D'une certaine manière je pensais que le rétro-Nobel pour un disparu serait... plus pur.

Bengt HJALMARSSON

Vous aviez tort.

Astrid ROSENQVIST

Le rétro-Nobel, au moins, nous a permis de nous retrouver dans la même pièce...

Bengt HJALMARSSON

En tant que Présidente... vous auriez pu solliciter quelqu'un d'autre.

Astrid ROSENQVIST

Vous auriez pu refuser. Pourquoi ne l'avoir pas fait ?

Bengt HJALMARSSON

Pour la même raison que vous ne m'avez pas remplacé par un autre.

Astrid ROSENQVIST

Alors... pourquoi êtes-vous si acerbe pendant nos réunions ?

Bengt HJALMARSSON

Et vous, pourquoi si autoritaire ?

Astrid ROSENQVIST

Nous devrions apprendre à trouver des compromis...

Bengt HJALMARSSON

Quelque chose où nous serions à égalité. Est-il possible de changer ?
    (Il commence à sortir, mais alors qu'il passe près d'elle, il a un geste presque paternel, dépourvu d'érotisme – peut-être un baiser sur le front, et il sort).

Astrid Rosenqvist va lentement vers la table. Elle sort un paquet de cigarettes, le regarde, mais décide de ne pas fumer et le rejette brusquement sur la table, près de sa chaise. Ulf Svanholm la rejoint)

Ulf SVANHOLM
    (Il montre du doigt le paquet de cigarettes)
Vous arrêtez de fumer ?

Astrid Rosenqvist

Non, pas encore. Mais la découverte d'Ulla me fait le même effet que la nicotine. Cela me soulage de savoir que Lavoisier n'a jamais vu la lettre de Scheele.

Ulf Svanholm

Cela change-t-il les faits? Nous savons tous maintenant que ce n'est pas Lavoisier qui a découvert l'oxygène le premier!

Astrid Rosenqvist

Encore faut-il comprendre ce qu'on a découvert. Vous rendez-vous compte que, même en 1800, votre homme, Priestley, a encore publié un ouvrage intitulé «La doctrine du phlogistique démontrée et celle de la composition de l'eau réfutée»? *(Pause)*. Autrement dit «Assez avec H_2O» et «En avant avec le charabia!».

Ulf Svanholm

Vous êtes trop dure avec mon expérimentateur.

Astrid Rosenqvist

Le monde a besoin de physico-chimistes comme Lavoisier... ou mieux encore... de théoriciens.

Ulf Svanholm

Comme vous?

Astrid Rosenqvist

Ils auraient pu faire pire... mais nous savons tous quel fut le rôle des femmes pour la chimie à cette époque. Madame Lavoisier était aussi réservée que réaliste.

Les lumières baissent, permettant au Comité de se réunir, puis reprennent leur intensité normale

Astrid Rosenqvist

Maintenant asseyons-nous et prenons une décision.

(Tous se dirigent vers la table sauf Hjalmarsson, qui va vers Ulla Zorn, attendant qu'elle lève les yeux de son ordinateur pour le regarder).

Bengt HJALMARSSON
(À voix basse)
Je vous dois une excuse à propos de la lettre de Madame Lavoisier. J'ai été grossier...

Ulla ZORN
(Contente)
J'aurais utilisé un autre terme... mais... *(Pause)* merci...

Bengt HJALMARSSON
Puis-je vous faire un compliment ?

Ulla ZORN
(Malicieusement)
Pensez-vous que je puisse le supporter ?

Bengt HJALMARSSON
(Sérieusement)
J'aurais bien voulu trouver ce coffret de voyage...

Ulla ZORN
(Contente)
Ça, c'est un compliment !

Bengt HJALMARSSON
Ulla. *(Il hésite, baisse la voix)*. Puis-je vous inviter ?

Astrid ROSENQVIST
*(Qui les a entendus alors qu'elle s'approche
de la table, sévèrement)*
Bengt ! Commençons par le commencement ! Voulez-vous vous joindre à nous, s'il vous plaît ?
(Elle indique la table de conférence)

Bengt HJALMARSSON
(Avec une pointe d'ironie)
Le « commencement », à votre point de vue ou au mien ?

(Rosenqvist attend que Hjalmarsson soit assis)

Astrid ROSENQVIST
Nous sommes quatre membres au Comité... et il y a quatre propositions : Lavoisier seul... Scheele seul... Priestley et Scheele... ou finalement tous les trois ensemble. Je suppose

que chacun d'entre vous s'en tiendra à sa proposition initiale ?

(Chacun acquiesce d'un signe de tête)

Cela ne nous mènera pas très loin. Nous devons arriver à un consensus pour l'Académie.

Bengt HJALMARSSON

Ou au moins à une majorité.

Astrid ROSENQVIST

Un consensus serait nettement préférable... au moins pour le premier rétro-Nobel.

(Elle lance un regard circulaire)

Dans ce cas votons à l'aide des bulletins officiels, par écrit.

Ulf SVANHOLM

Nous n'avons encore jamais utilisé de bulletins écrits dans les Comités Nobel.

Astrid ROSENQVIST

S'agissant du Comité pour le rétro-Nobel il n'y a aucun précédent.

Bengt HJALMARSSON

Vous voulez que nous votions pour nos seconds choix ? Et que se passera-t-il s'il n'y en a pas ?

Astrid ROSENQVIST
(Sévèrement)

Vous... plus que quiconque dans cette pièce... devriez savoir que, dans la vie, nous finissons la plupart du temps avec les seconds choix.

Bengt HJALMARSSON
(D'un ton moqueur imitant sa voix)

Vous... plus que quiconque dans cette pièce... devriez savoir qu'on ne m'a jamais forcé à prendre une décision.

Astrid ROSENQVIST
(Sur un ton également moqueur)

Ce qui ne m'empêchera jamais d'essayer de vous persuader... vous tous... d'arriver à un consensus. Autrement, nous ne pourrons que proposer à l'Académie que la découverte de l'oxygène soit récompensée par le premier rétro-Nobel, mais en laissant aux autres membres de l'Académie le soin de voter pour celui des trois candidats qui devra l'obtenir.

Ulf SVANHOLM

Je préfère cela à un compromis.

Astrid ROSENQVIST

Pas moi... ce serait embarrassant.

Ulf SVANHOLM

Pour la Présidente?

Astrid ROSENQVIST

Pour nous tous. *(Pause)*. Écoutez-moi! Voici une façon de résoudre notre problème : nous allons tous voter pour deux candidats.

Sune KALLSTENIUS
(Perplexe)

En quoi voter pour deux candidats nous aidera-t-il?

Ulf SVANHOLM

Autrement dit il n'y a que trois options? Lavoisier-Scheele, Lavoisier-Priestley et Priestley-Scheele.

Astrid ROSENQVIST

Exactement!

Bengt HJALMARSSON
(Dédaigneusement)

Génial! Mais pourquoi se livrer à cet exercice?

Astrid ROSENQVIST

Mon choix... consacrant... les trois... aurait été évidemment le plus simple. Mais puisque aucun d'entre vous ne semble vouloir l'accepter, le vote par paire oblige chacun de nous à penser à un autre candidat... tout en conservant son candidat favori.

(Kallstenius et Svanholm regardent Rosenqvist. L'un hausse les épaules, l'autre acquiesce de la tête. Longue pause)

Astrid ROSENQVIST

Bengt?

(Hjalmarsson la regarde mais ne dit rien, tandis que Rosenqvist se lève et marche vers lui. Elle continue à voix basse)
Nous savons tous les deux ce que Lavoisier a fait.

Bengt HJALMARSSON
Et alors?

Astrid ROSENQVIST
Allons-nous diminuer réellement le crédit de Lavoisier en ajoutant un autre nom? Auparavant, vous disiez qu'aucun d'entre nous n'était bon pour les compromis. Comment démontrer que vous aviez tort?
(Hjalmarsson hausse les épaules, acquiesce de la tête à contre-cœur, puis regarde ailleurs. Svanholm s'approche de Kallstenius)

Ulf SVANHOLM
(Il murmure)
Avez-vous entendu ce qu'elle a dit?

Sune KALLSTENIUS
Et comment!

Ulf SVANHOLM
C'est hors de question! Si Lavoisier a le feu vert, alors seul Scheele ou Priestley pourra le partager.

Sune KALLSTENIUS
Je peux accepter cela... à condition que Scheele soit l'autre.

Ulf SVANHOLM
Mais que se passe-t-il s'il ne l'est pas? Si je vote pour Lavoisier et Priestley et s'ils en font autant?

Sune KALLSTENIUS
Je ferai une objection!

Ulf SVANHOLM
Cela vous fera une belle jambe... *après* le résultat du vote.

Sune KALLSTENIUS
Quelle est donc votre proposition?

Ulf Svanholm

Votons ensemble pour votre homme... et pour mon Priestley.

Sune Kallstenius

Humm!

Ulf Svanholm

Qu'est-ce cela signifie?

Sune Kallstenius

Vous verrez. Attendez que nous ayons voté.

Astrid Rosenqvist

Ulla... voulez vous distribuer les bulletins de vote?

(Après avoir distribué les bulletins à Kallstenius et à Svanholm, Zorn se dirige vers Hjalmarsson, mais Rosenqvist l'arrête. Elle prend un bulletin et le donne elle-même à Hjalmarsson)

(Très gentiment)

S'il vous plait, Bengt... s'il vous plait. Deux noms. Accordez cette faveur à Madame Lavoisier.

(Hjalmarsson la regarde, puis prend le bulletin, mais se fige à mesure que le visage indistinct de Madame Lavoisier apparaît. Tout en parlant elle s'approche de Hjalmarsson jusqu'à le toucher)

Lumière à peine visible sur Mme Lavoisier

Mme Lavoisier

(Elle s'adresse à Hjalmarsson, qui ne la voit pas)

Peut-être le Roi Gustave reconsidèrera-t-il sa décision. Les décisions importantes ne devraient pas être confiées à d'autres. Encore moins à un Roi. *(Pause)*.

(Elle hoche la tête, d'un ton ferme)

Cela n'a pas d'importance... la postérité reconnaîtra mon mari. *(Pause)*. Évidemment... certains demanderont: Quel bénéfice pour une telle reconnaissance?

(Elle sourit à elle-même)

On retirera beaucoup de bénéfices de notre oxygène... les rois les taxeront sans aucun doute.

(Pause, puis elle devient sérieuse)

Mais après la mort? Nos enfants *(Elle tremble)*... continueront là où l'apothicaire maladroit... le chimiste sacerdotal... et mon mari se sont arrêtés. *(Pause)*. Imaginez ce que cela signifie de comprendre ce qui donne sa couleur à une feuille! ce qui fait qu'une flamme brûle! Imaginez!

FIN DE LA SCÈNE 12

FIN DE LA PIÈCE

REPRODUCTION DES DOCUMENTS
ET OBJETS HISTORIQUES ÉVOQUÉS
DANS LA PIÈCE

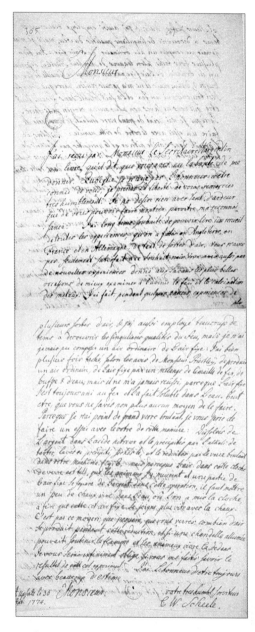

Lettre de Scheele à Lavoisier, 30 septembre 1774
(retrouvée en 1890), évoquée scène 7.

Dessin de Mme Lavoisier retraçant l'expérience décrite scène 8.

Trousse
de couture de
Mme Lavoisier
qui a toute
l'apparence d'un
livre, évoquée
scène 10.

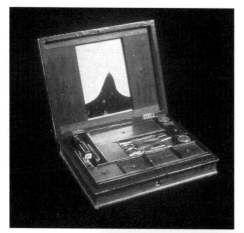

1

2

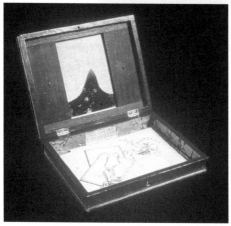

3

Intérieur de
la trousse de couture
de Mme Lavoisier
évoquée scène 10.

1 : trousse ouverte
2 : détail
3 : cache secrète

ESQUISSE D'UNE BIOGRAPHIE
DES AUTEURS

Carl DJERASSI

Carl DJERASSI, né à Vienne et formé aux États-Unis, est écrivain et Professeur de Chimie à l'Université Stanford. Auteur de plus de 1 200 publications scientifiques et de 7 ouvrages, il est l'un des rares scientifiques américains a avoir reçu la *National Medal of Science* (en 1973, pour la première synthèse d'un contraceptif oral stéroïdien – « la pilule ») et la *National Medal of Technology* (en 1991, pour la promotion de nouvelles techniques insecticides). Membre de l'Académie Américaine des Sciences et de l'Académie Américaine des Arts et Sciences, ainsi que de plusieurs Académies étrangères, Carl DJERASSI a été reçu 18 fois Docteur *Honoris Causa*, tout en obtenant de nombreux autres titres honorifiques, comme le premier *Wolf Prize* en chimie, la première *Award for the Industrial Application of Science* de l'Académie Nationale des Sciences, et la plus haute récompense de la Société Américaine de Chimie, la Médaille Priestley.

Depuis ces dix dernières années, Carl DJERASSI est devenu auteur de fictions, spécialisé dans le genre « Fiction-dans-la-Science », qui lui permet de présenter, grâce à des fictions réalistes, le côté humain des scientifiques et les conflits personnels qu'affrontent les hommes de science pour la quête du savoir scientifique, de la reconnaissance personnelle et des satisfactions financières. Outre ses romans (*Cantor's dilemma*; *The Bourbaki Gambit*; *Marx, deceased*; *Menachem's Seed*; *NO*), ses nouvelles (*The Futurist and other stories*), et son autobiographie (*The Pill, Pigmy Chimps, and Degas'Horse*), il s'est récemment lancé dans une trilogie théâtrale qu'il décrit sur son site web (http://www.djerassi.com) comme de la « Science-en-Théâtre » – en insistant sur les domaines les plus en pointe de la recherche biomédicale contemporaine. « AN IMMACULATE MISCONCEPTION », jouée pour la première fois dans une version non intégrale pendant le *Fringe Festival* d'Edimbourg en 1998, puis en 1999 sous sa forme complète en deux actes au *New End Theatre* de Londres, à l'*Eureka Theatre* de San Francisco et à Vienne (sous le titre Unbefleckt au *Jugendstiltheater*), met l'accent sur les questions d'éthique soulevées par les progrès récents et spectaculaires du traitement de la stérilité masculine par injection de sperme (technique ICSI). Une adaptation radiophonique a été diffusée par le *BBC World Service* comme «Pièce de la semaine». Carl Djerassi est également le fondateur du *Djerassi Resident Artists Program* près de Woodside, Californie, fondation qui fournit un hébergement et un atelier pour les spécialistes d'arts graphiques, de littérature, de chorégraphie et pour ce qui touche à l'art et à la musique d'avant-garde. Plus de 1 000 artistes ont bénéficié de ce programme depuis ses débuts en 1982.

Roald Hoffmann

Roald Hoffmann, né à Zloczow, en Pologne, et formé aux États-Unis, est «*H.T. Rhodes Professor of Humane Letters*» à l'Université Cornell. Prix Nobel de Chimie, c'est l'un des chimistes américains les plus réputés. Membre de l'Académie Américaine des Sciences et de l'Académie Américaine des Arts et Sciences, ainsi que de plusieurs Académies étrangères, Roald Hoffmann a été reçu 26 fois Docteur *Honoris Causa* en même temps qu'il obtint de nombreuses autres distinctions, comme la *National Medal of Science*. Roald Hoffmann est la seule personne à avoir reçu les plus hautes récompenses de la Société Américaine de Chimie dans les trois spécialités : Chimie organique, Chimie inorganique, et Pédagogie de la Chimie.

Depuis les douze dernières années, Roald Hoffmann a simultanément poursuivi une carrière littéraire. Il est l'auteur de trois ouvrages de poésie, «*The Metamict State*» paru en 1987, «*Gaps and Verges*» paru en 1990, et «*Memory Effects*» paru en 1999. Ses trois autres ouvrages ne sont pas des œuvres de fiction, mais abordent le thème général des étincelles créatrices et humanistes en chimie : fruit d'une collaboration art/science/littérature avec l'artiste Vivian Torrence : «*Chemistry Imagined*» paru en 1993 ; «*The same and not the same*» paru en 1995 ; et «*Old Wine, New Flasks : Reflexions on Science and Jewish Tradition*», en collaboration avec Shira Leibowitz Schmidt. Roald Hoffmann est également présentateur d'un cours télévisé «*The World of Chemistry*» qui est diffusé sur plusieurs stations PBS et à l'étranger.

REMERCIEMENTS

Que soient remerciés,
Lavinia GREENLAW pour sa traduction en vers des difficultés conceptuelles de la Scène 6 ; Le Département des Arts Dramatiques de la Faculté d'Ithaca et le *Kitchen Theatre* pour avoir organisé une première lecture d'*Oxygène* à Ithaca, New York ; Les PlayBrokers pour une répétition scénique (dirigée par Ed Hastings) à l'*ODC Theatre* de San Francisco ; Nicholas Kent pour l'organisation d'une répétition scénique (dirigée par Erica Whyman) au *Tricycle Theatre* de Londres ; et au Département du Théâtre, du Film et de la Danse de l'Université Cornell, pour sa lecture critique.

Nous sommes reconnaissants à,
Alan DRURY (ancien auteur au Département du théâtre radiodiffusé de la BBC) et Edward M. COHEN (ancien Directeur Associé du *Jewish Repertory Theatre* de Manhattan, pour leurs conseils en matière de mise en scène ; Jean-Marie POIRIER (Paris) et Anders LUNDGREN (Uppsala) pour leurs offres de nombreuses expertises historiques ; et David CORSON, Laura LINKE et les responsables de la Bibliothèque de l'Université Cornell pour leurs visites guidées, enthousiastes et généreuses des archives Lavoisier.

Des contributions financières indispensables de la Fondation Henry et Camille DREYFUS, à New York, et de la Fondation de la Famille ALAFI, à San Francisco, ont permis la mise en scène intégrale qui a été présentée en mai 2000 à l'*Eureka Theatre* de San Francisco, sous la direction d'Andrea GORDON.

En novembre 2000, une représentation de 30 minutes d'extraits de la pièce a eu lieu au Théâtre historique américain (dirigé par Paméla Sommerfield) et, organisée par la *Chemical Heritage Foundation*, elle a bénéficié du soutien financier de la Fondation Eugène Garfield.

Impression d'après documents fournis
bialec, nancy (France)
Dépôt légal n° 59664 - décembre 2003